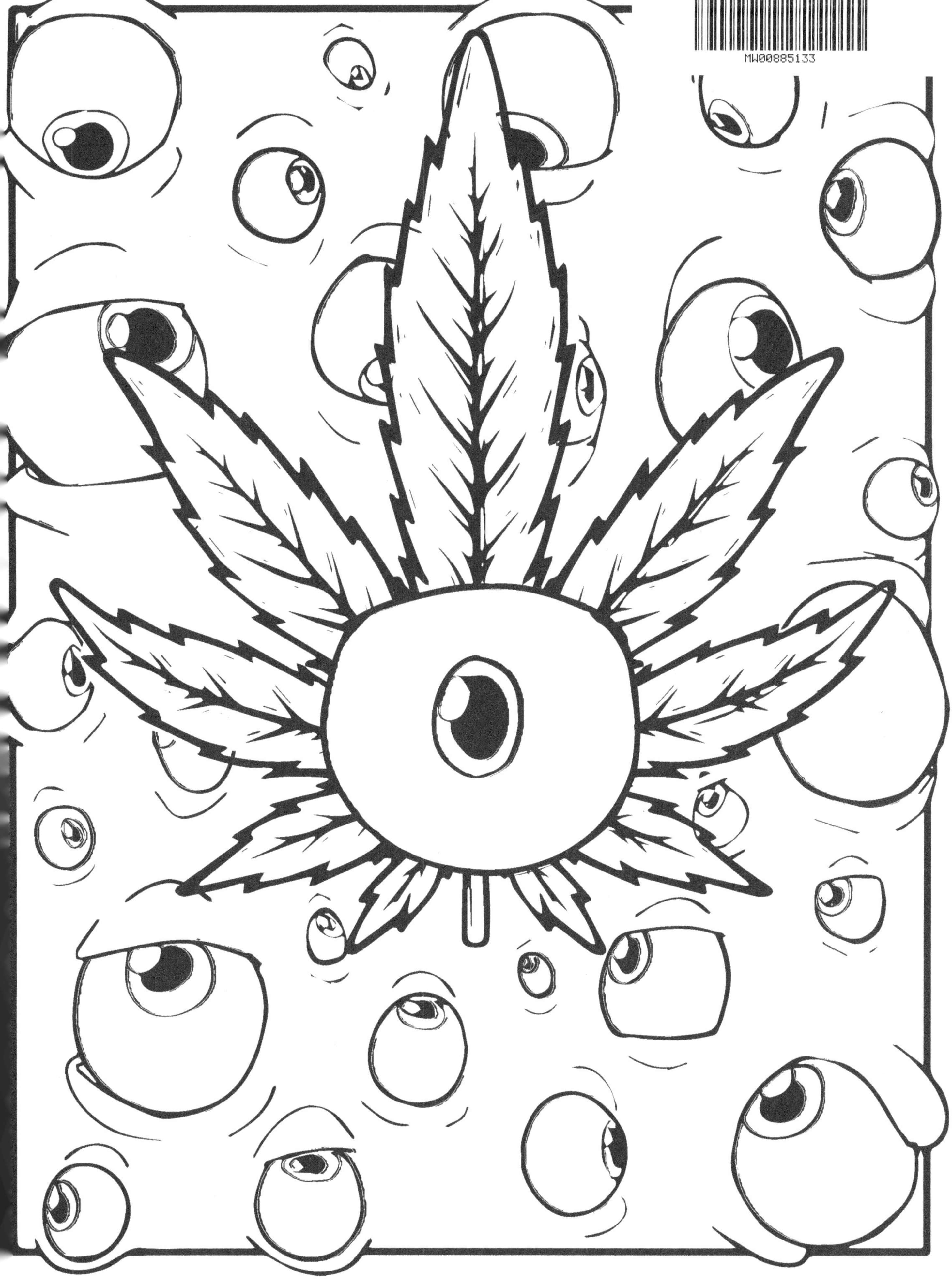

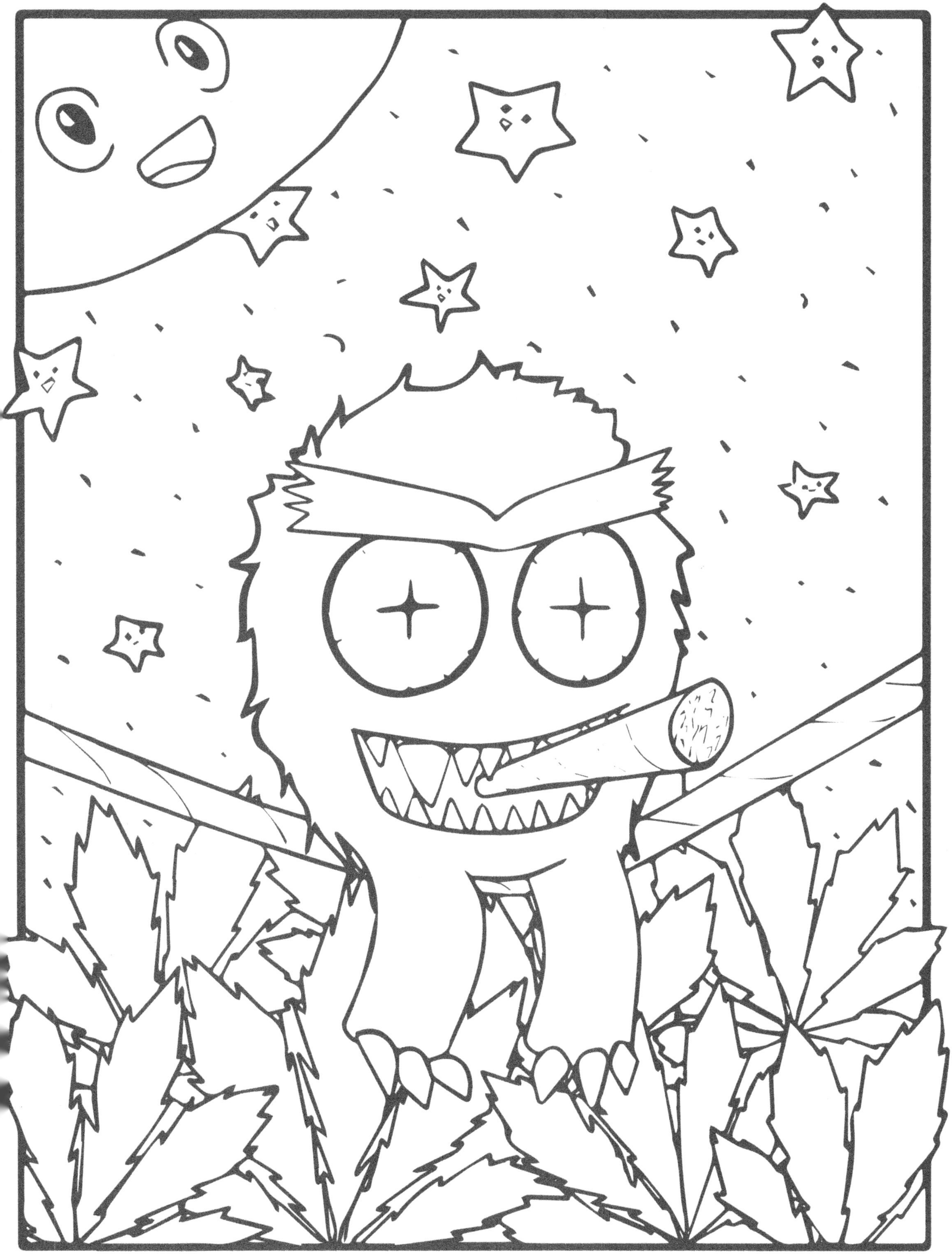

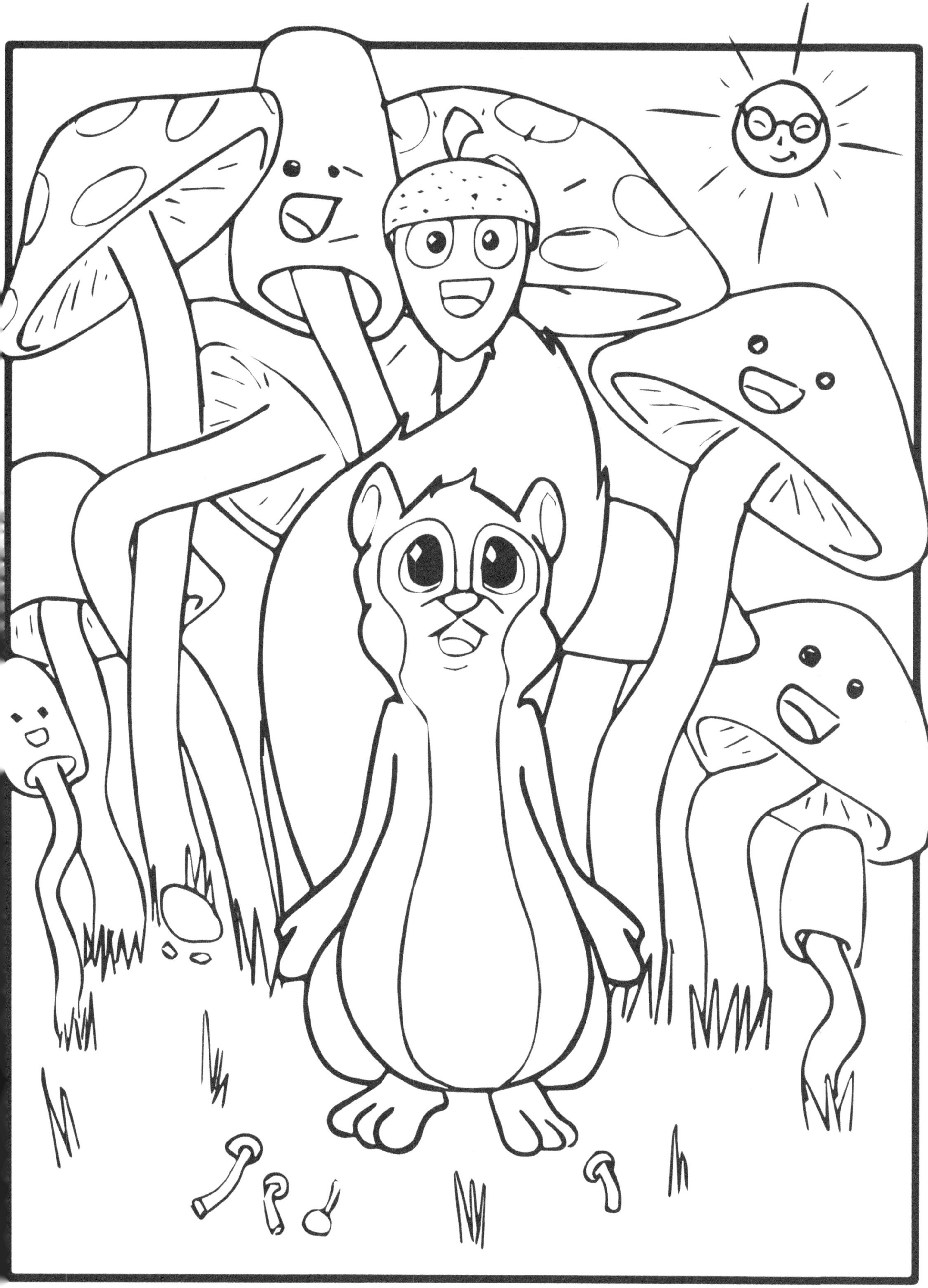

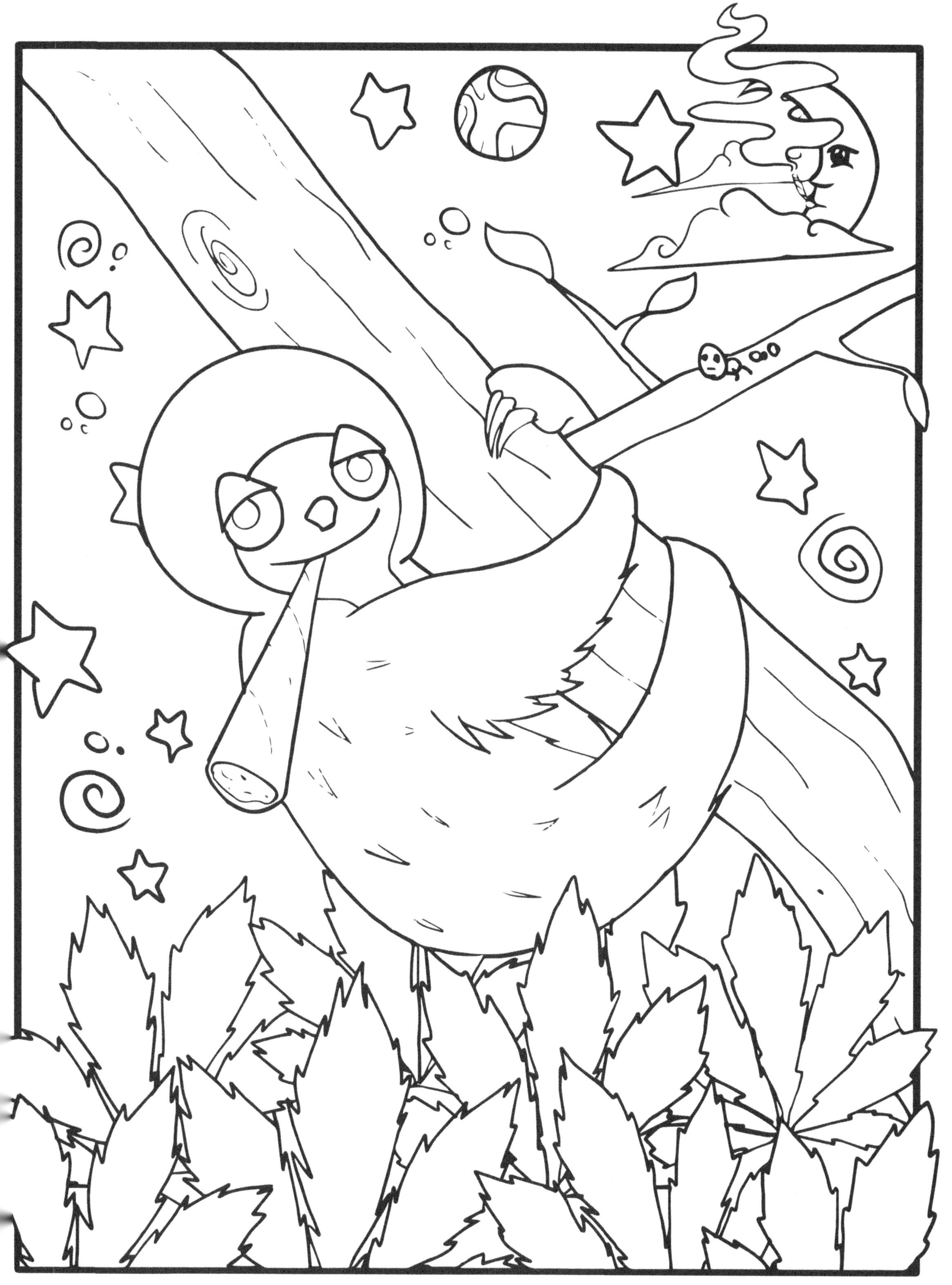

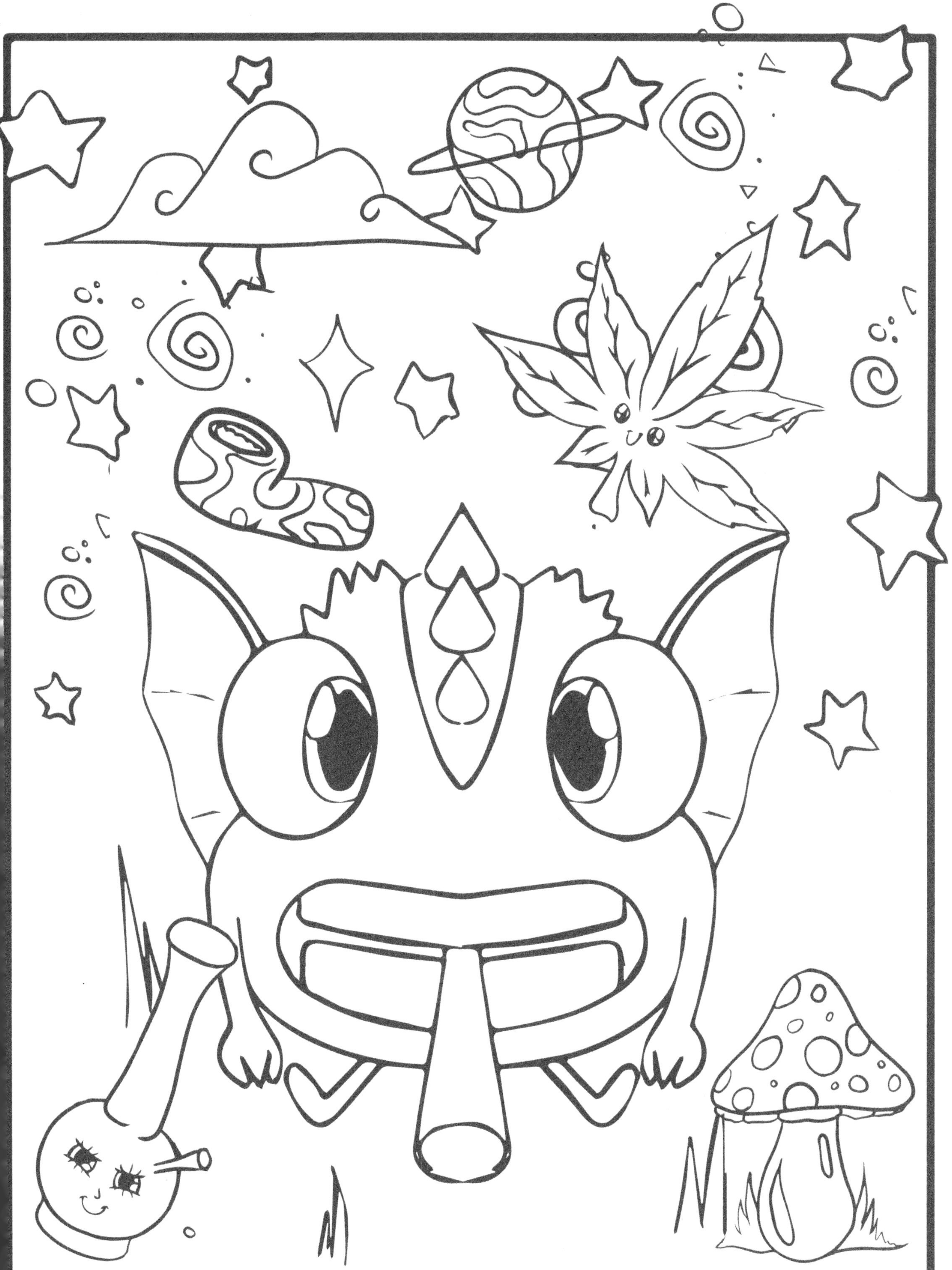

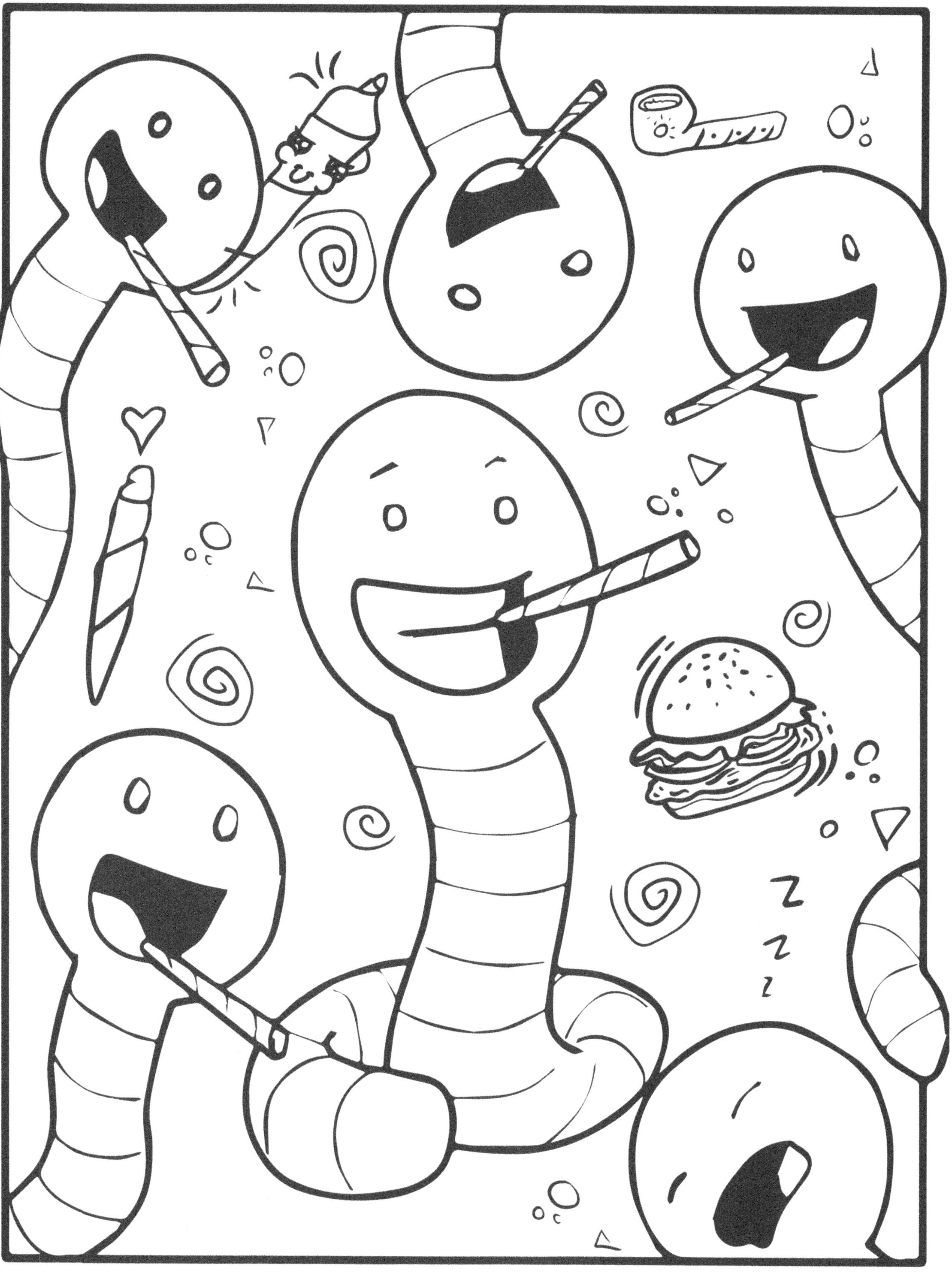
Z Z Z Z

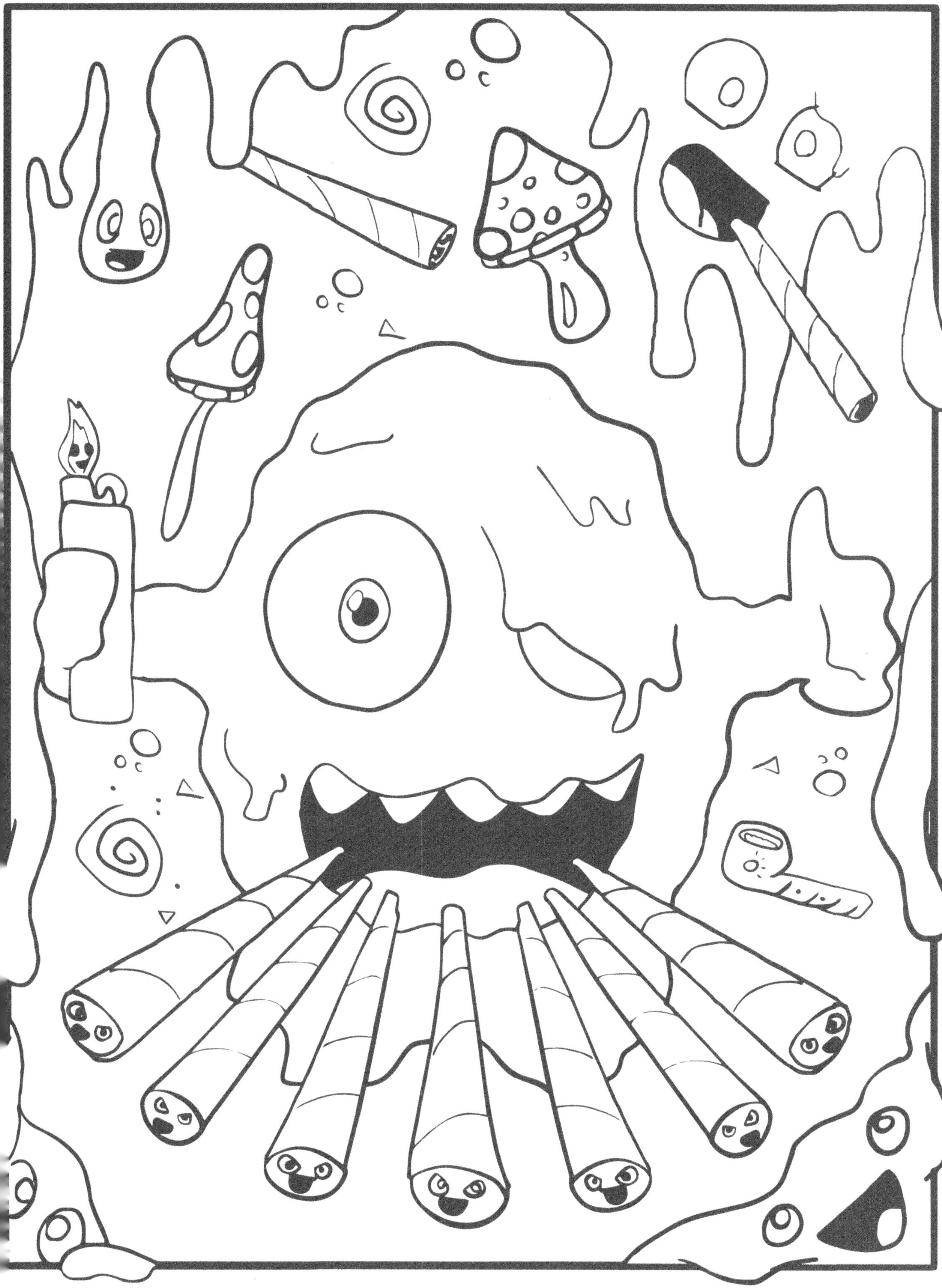

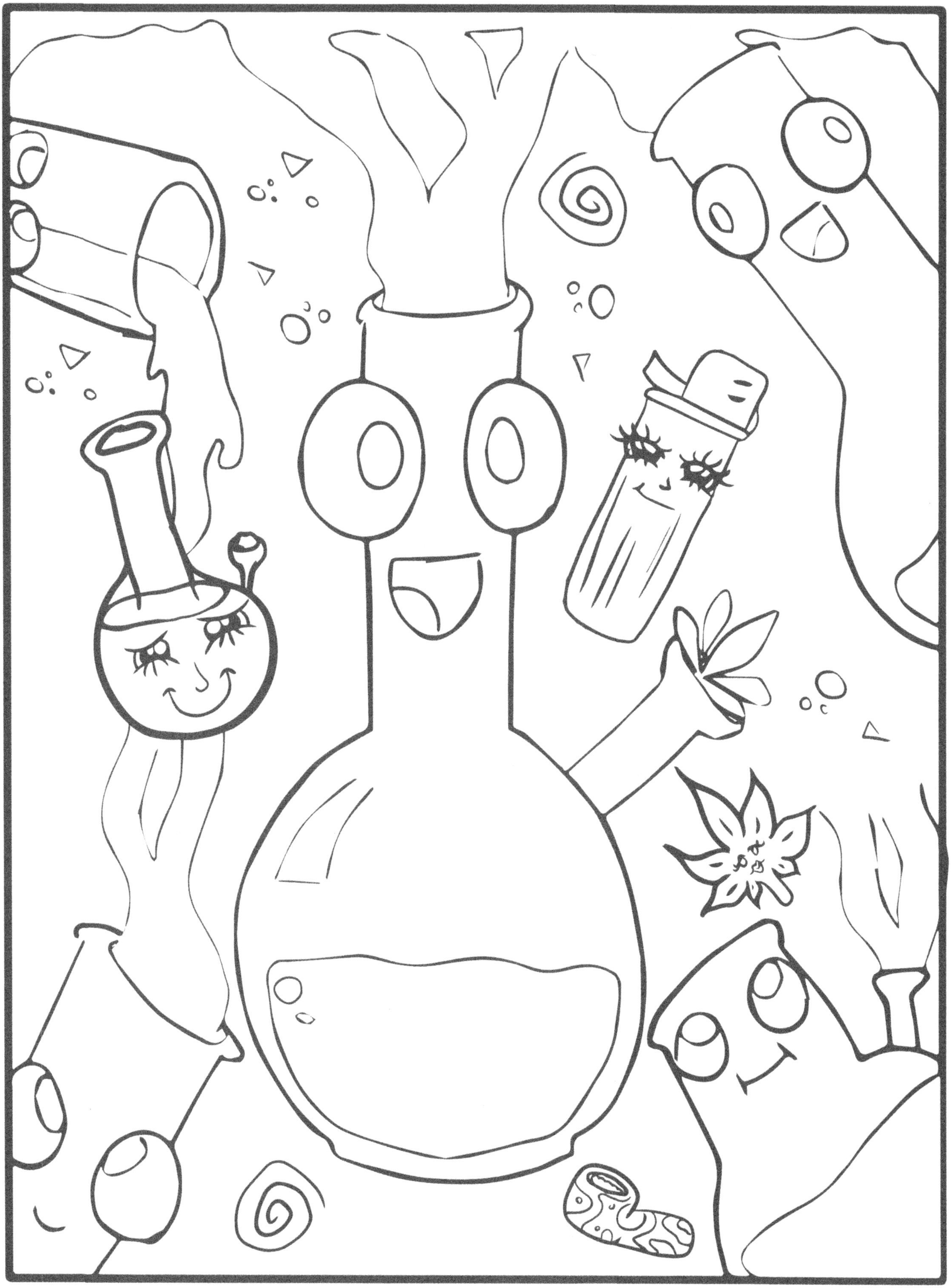

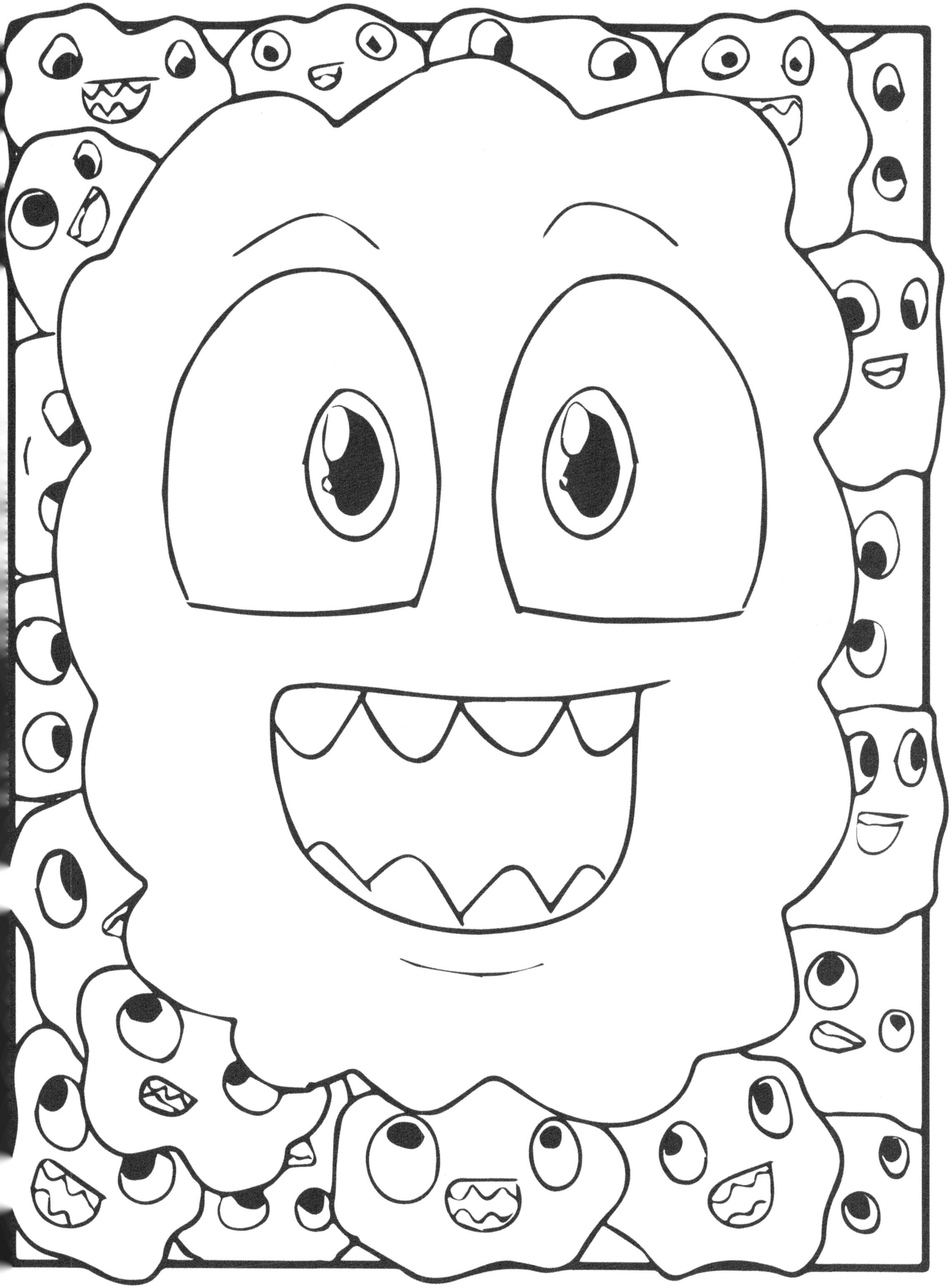

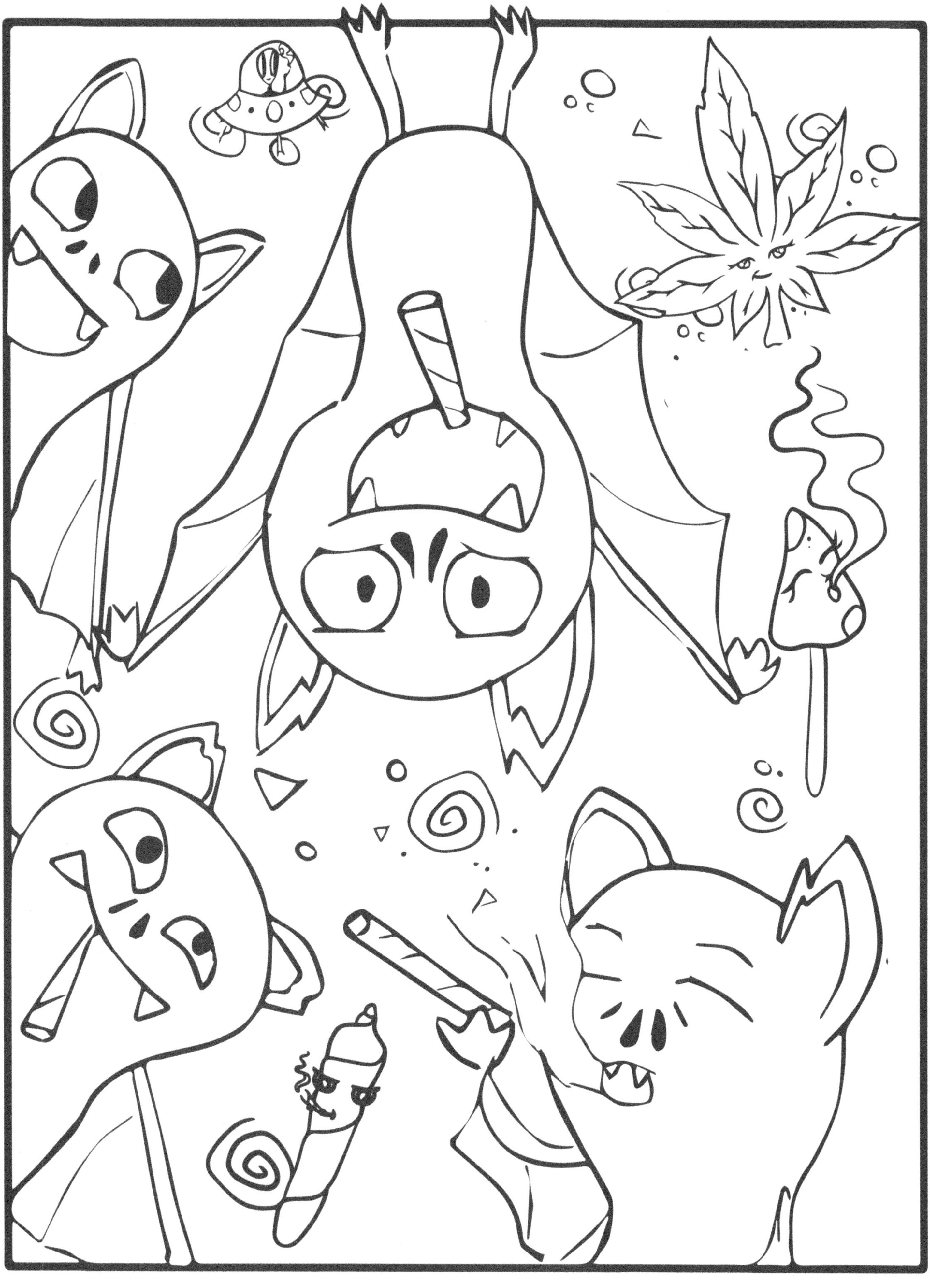

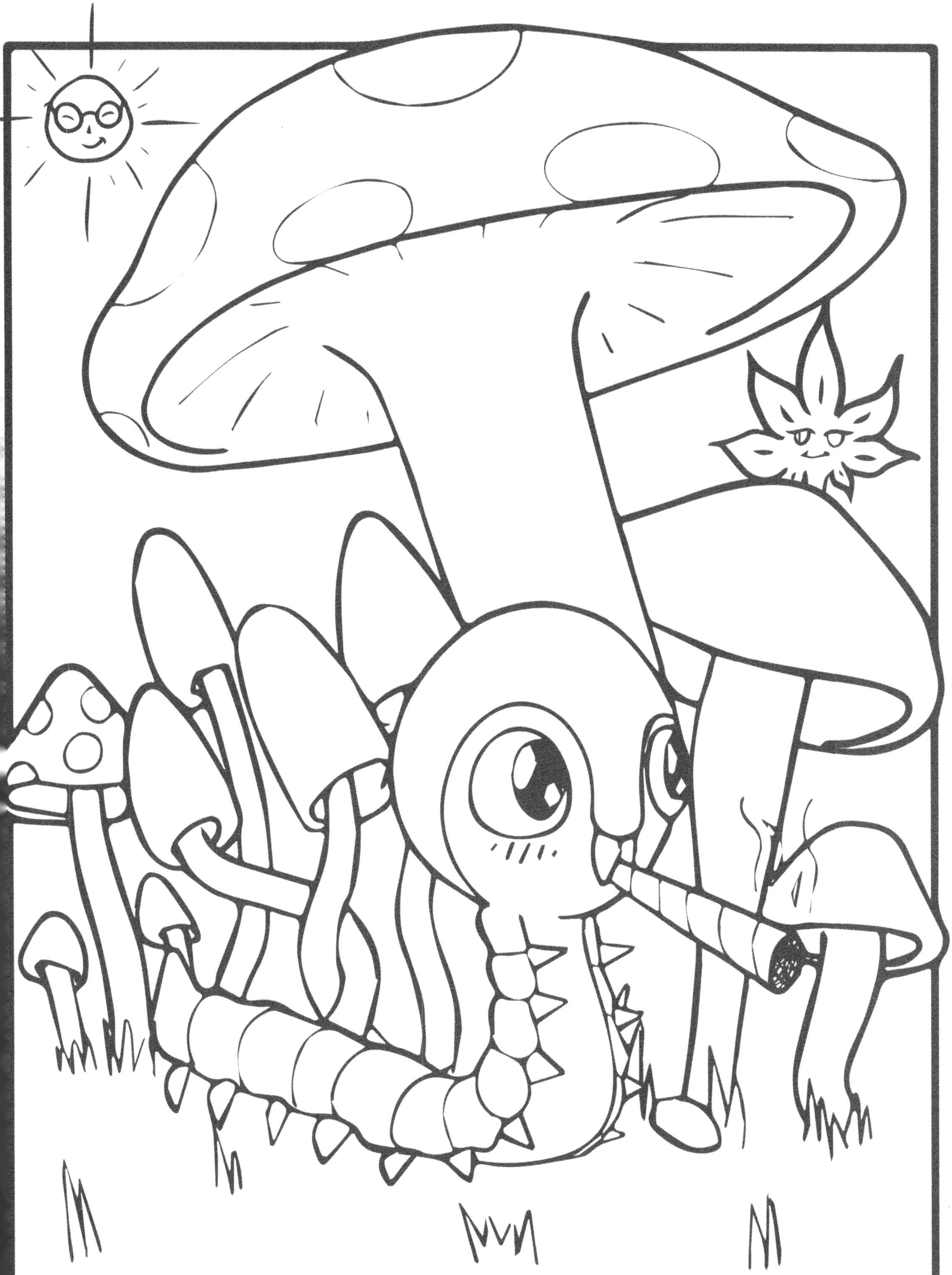

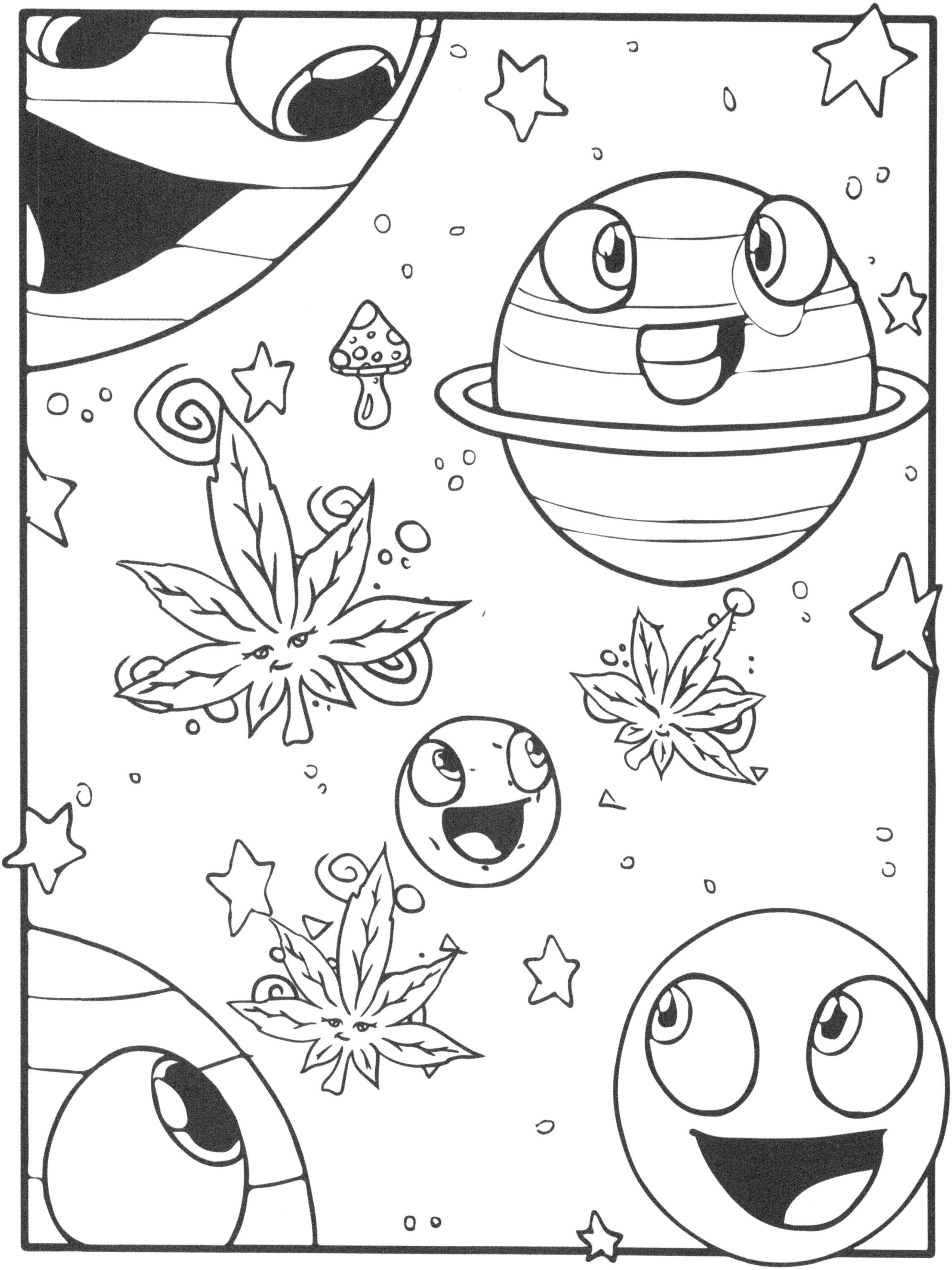

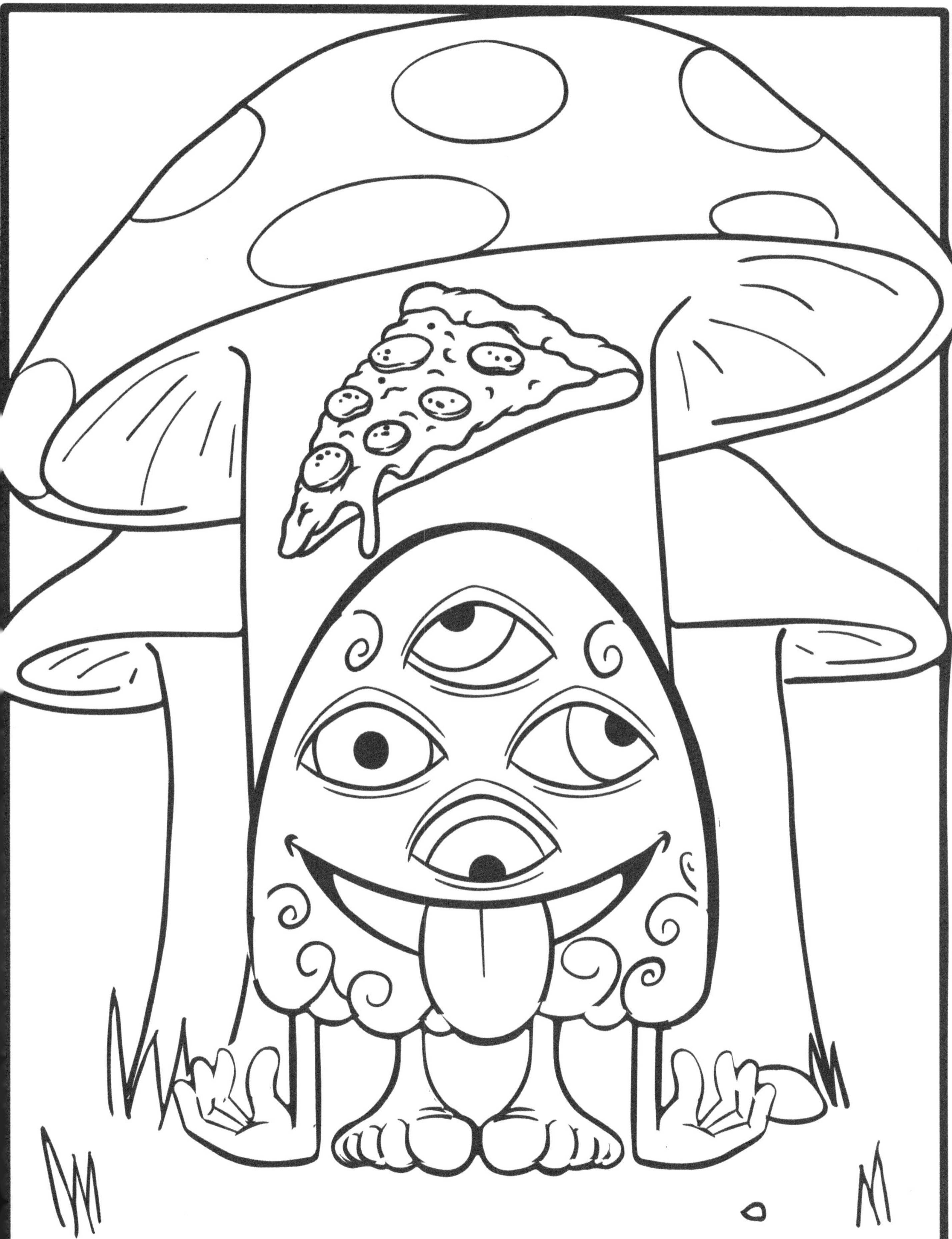

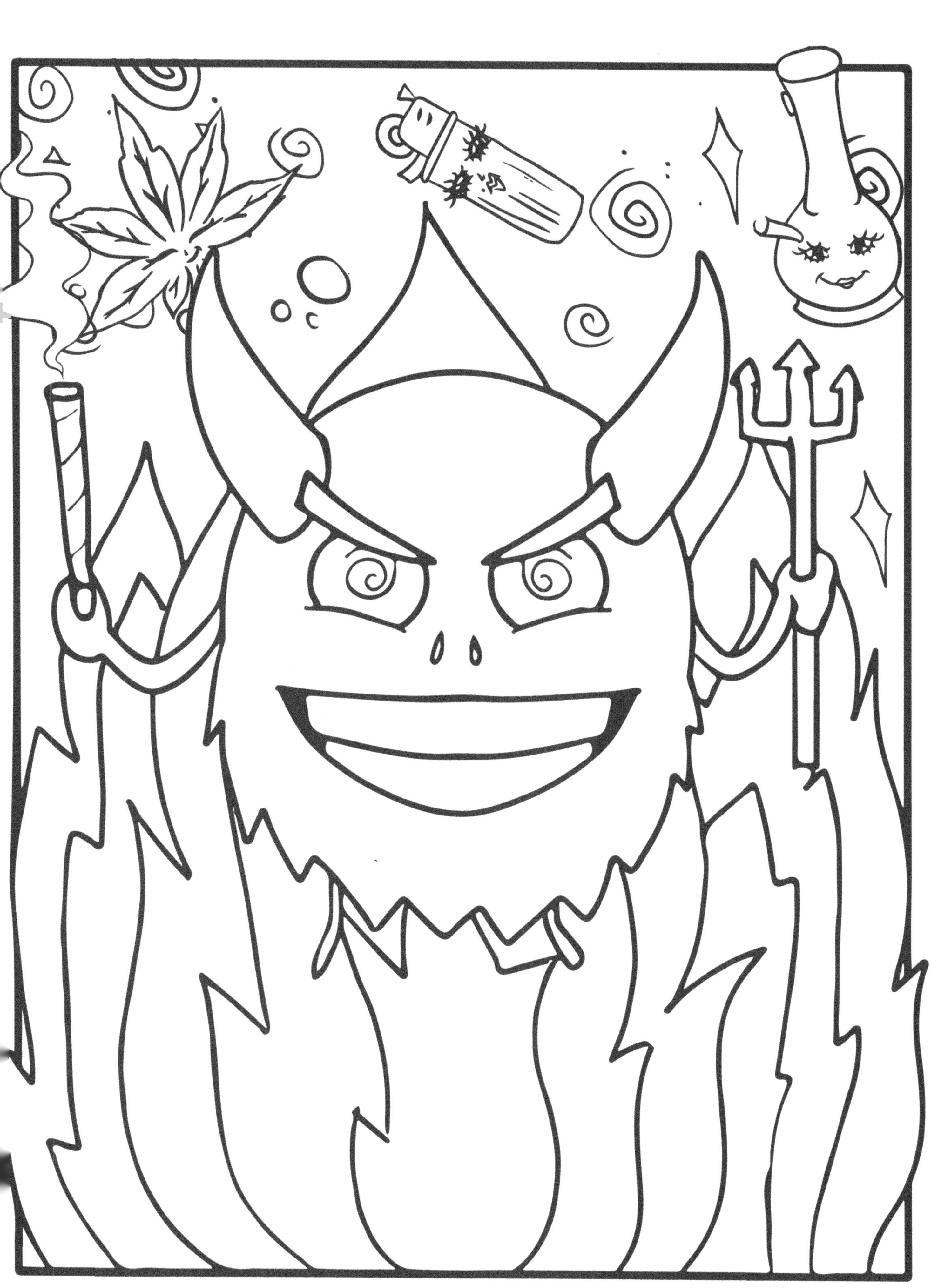

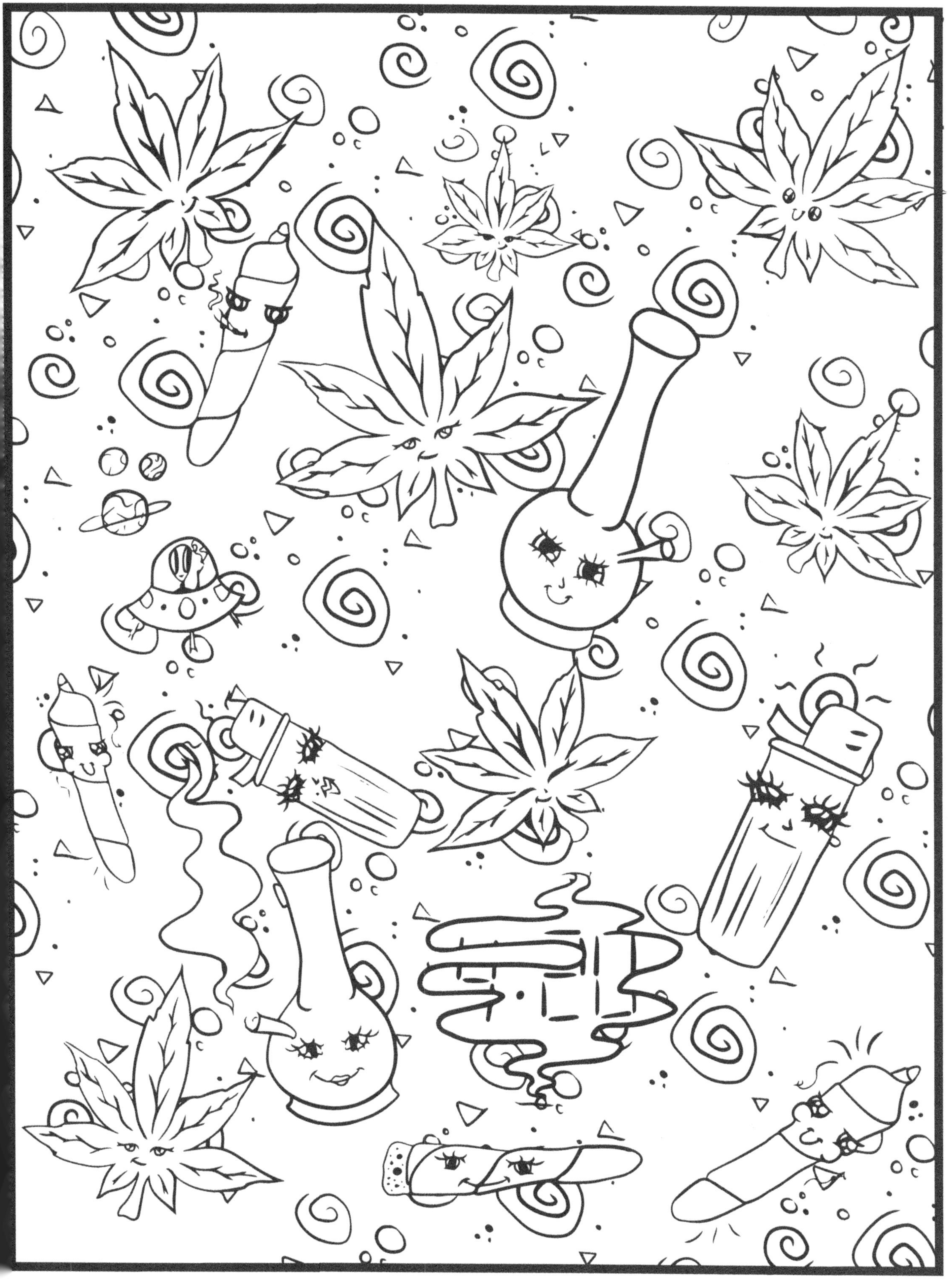

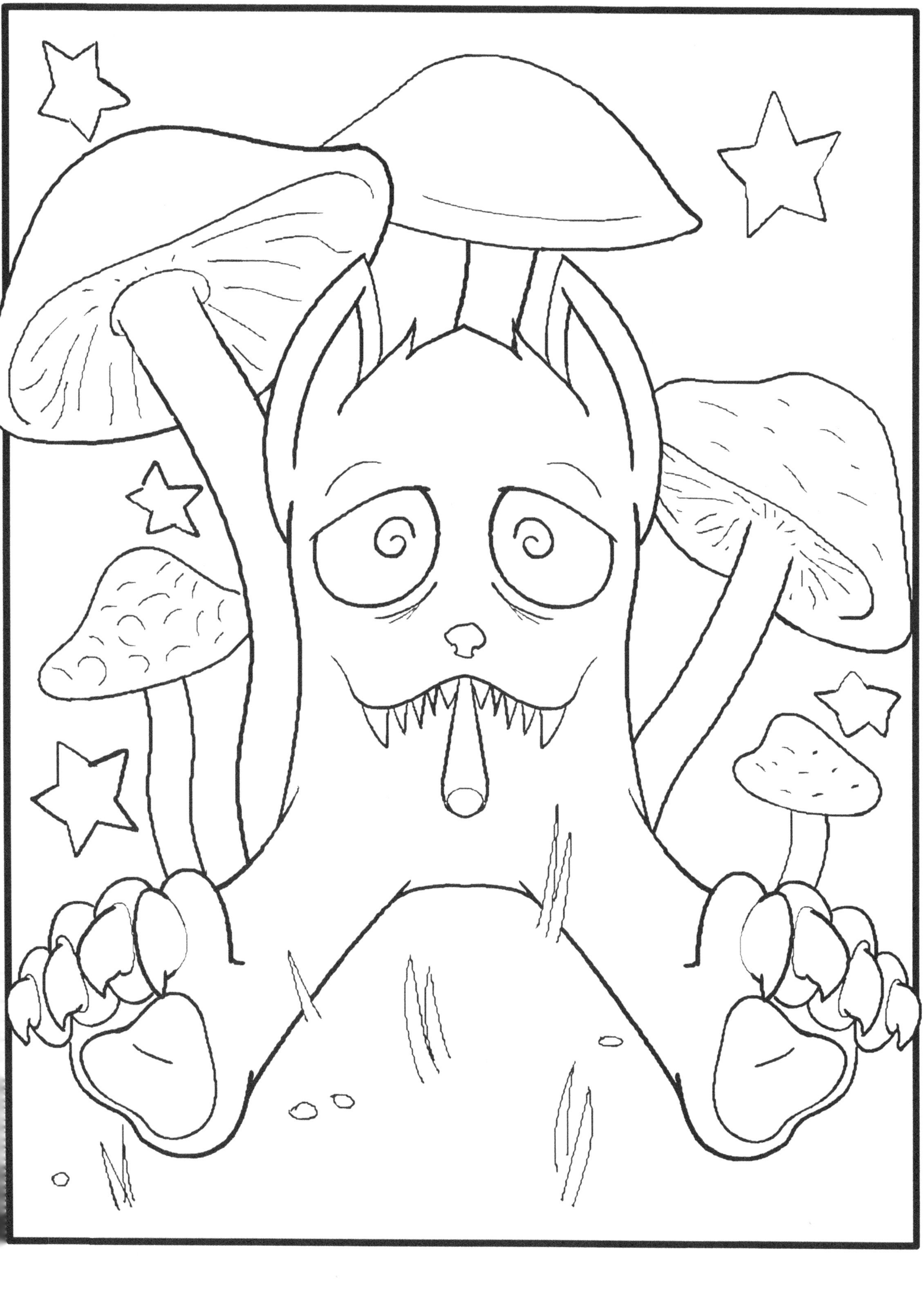

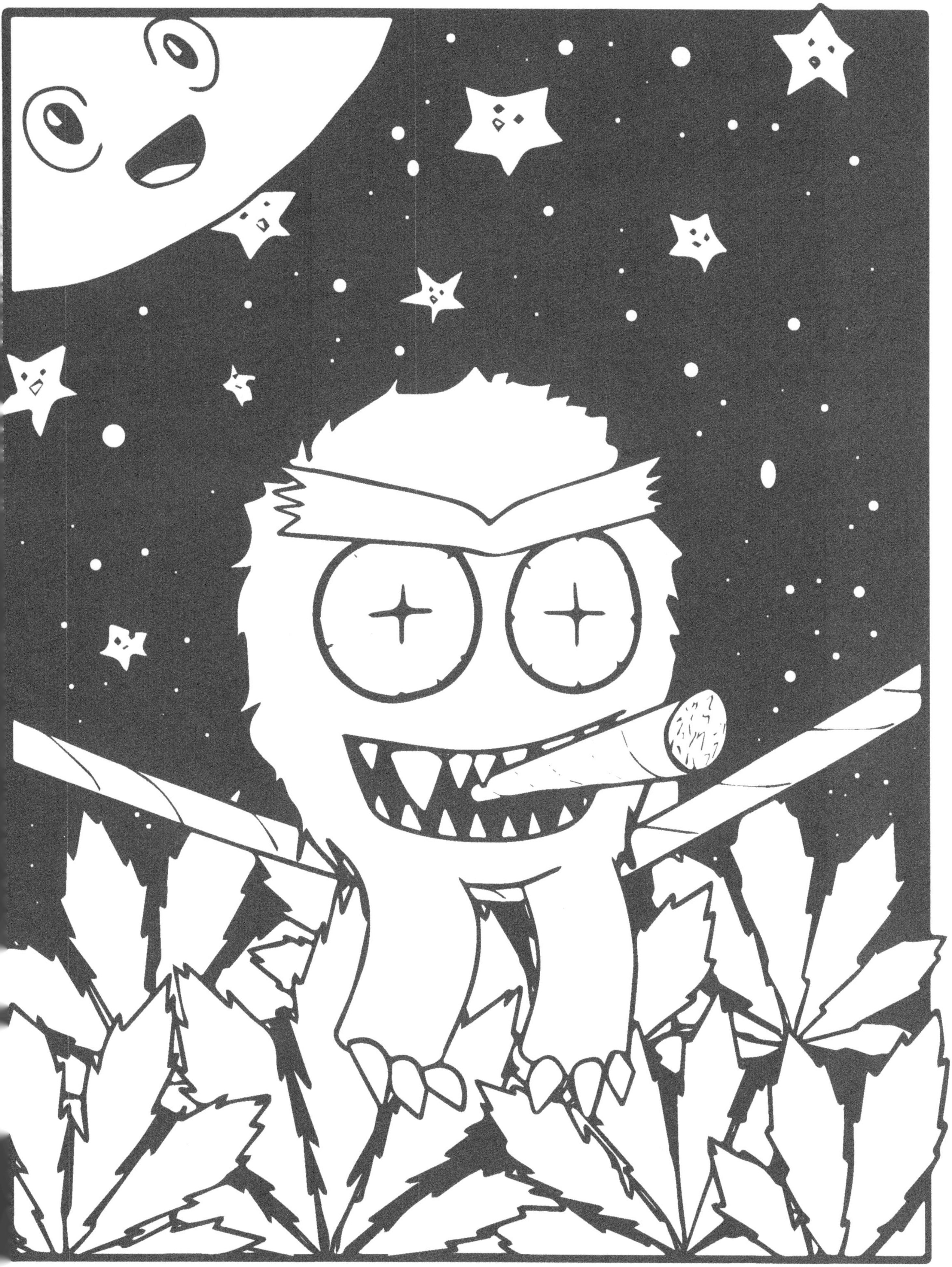

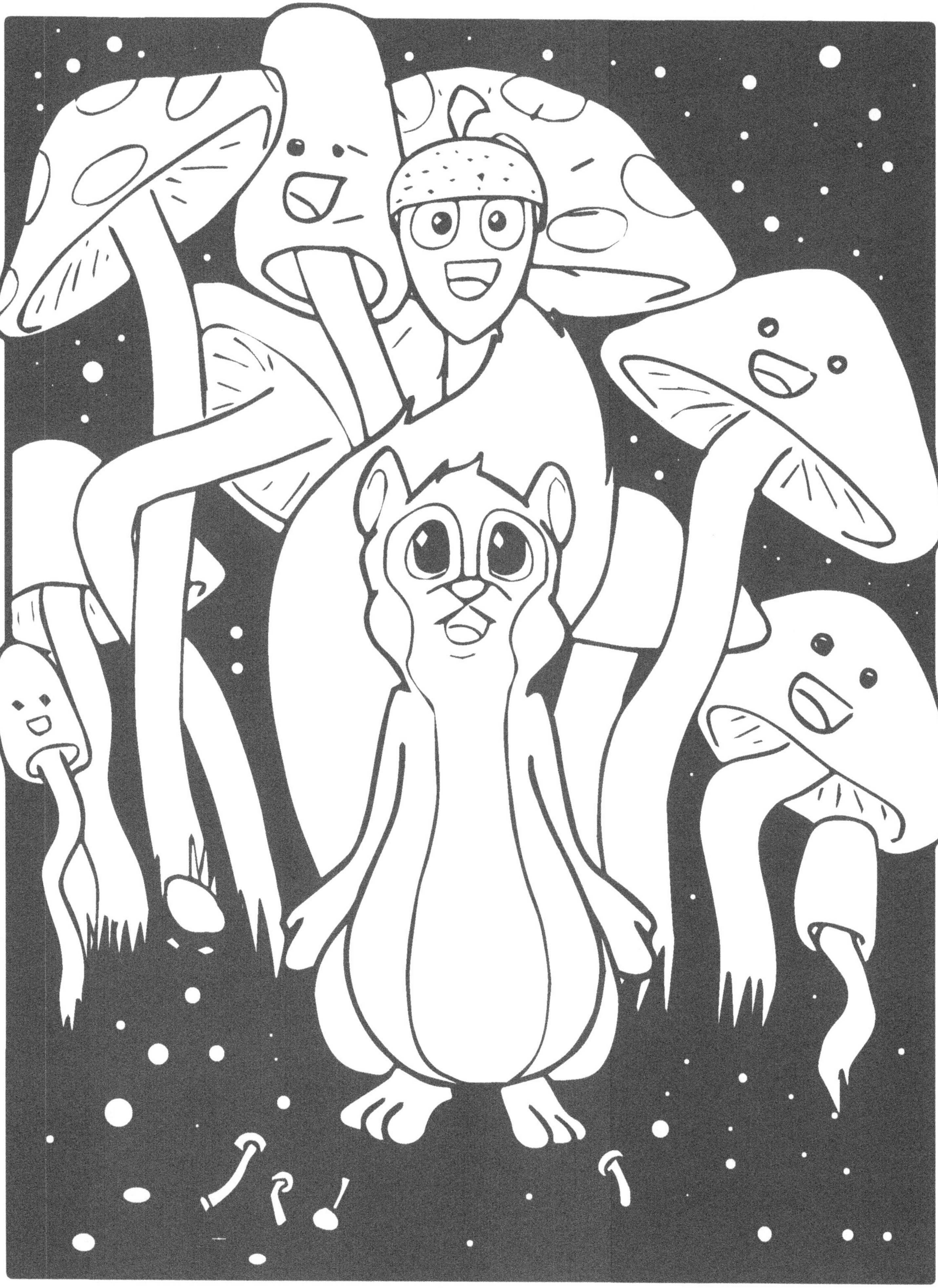

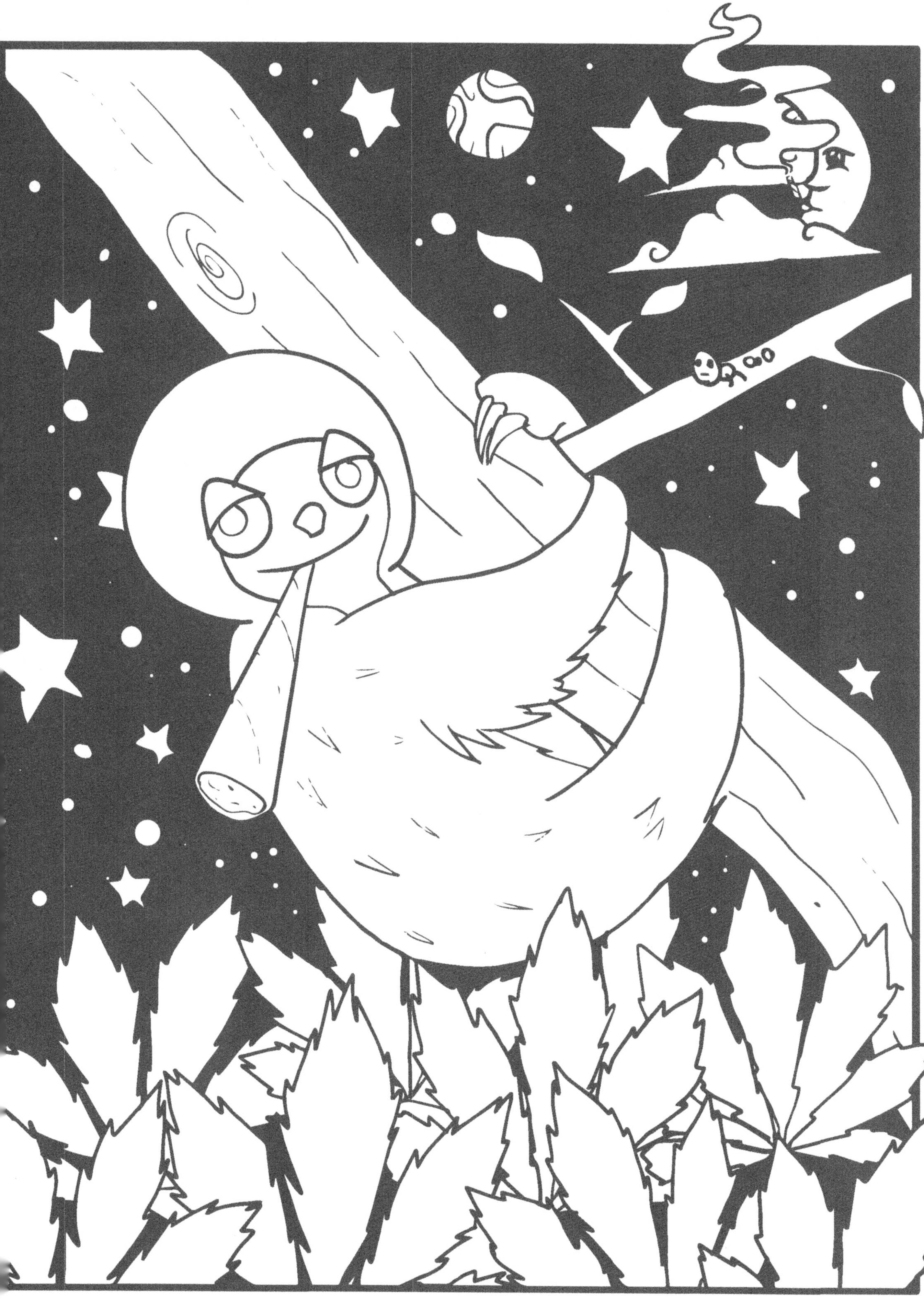

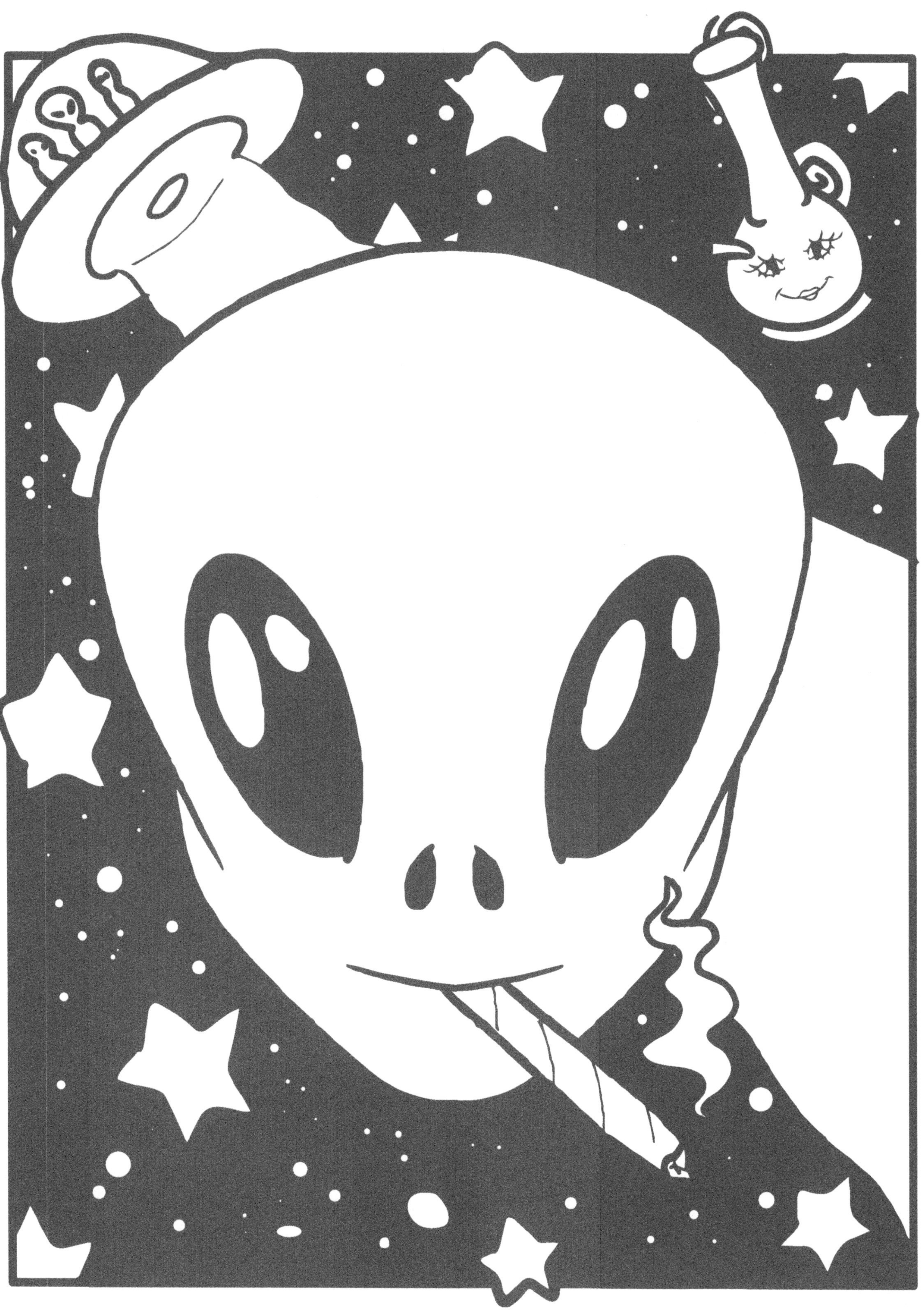

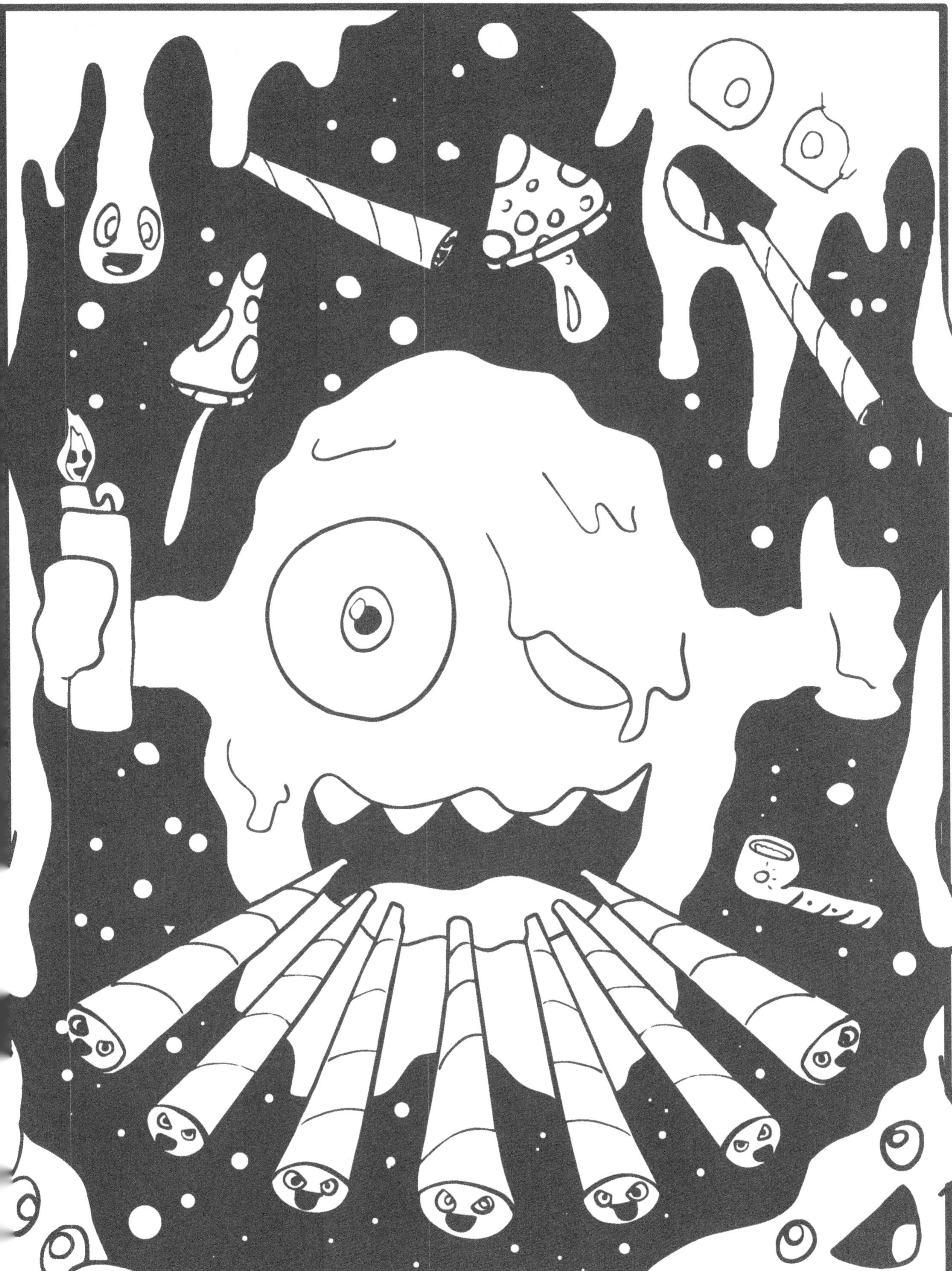

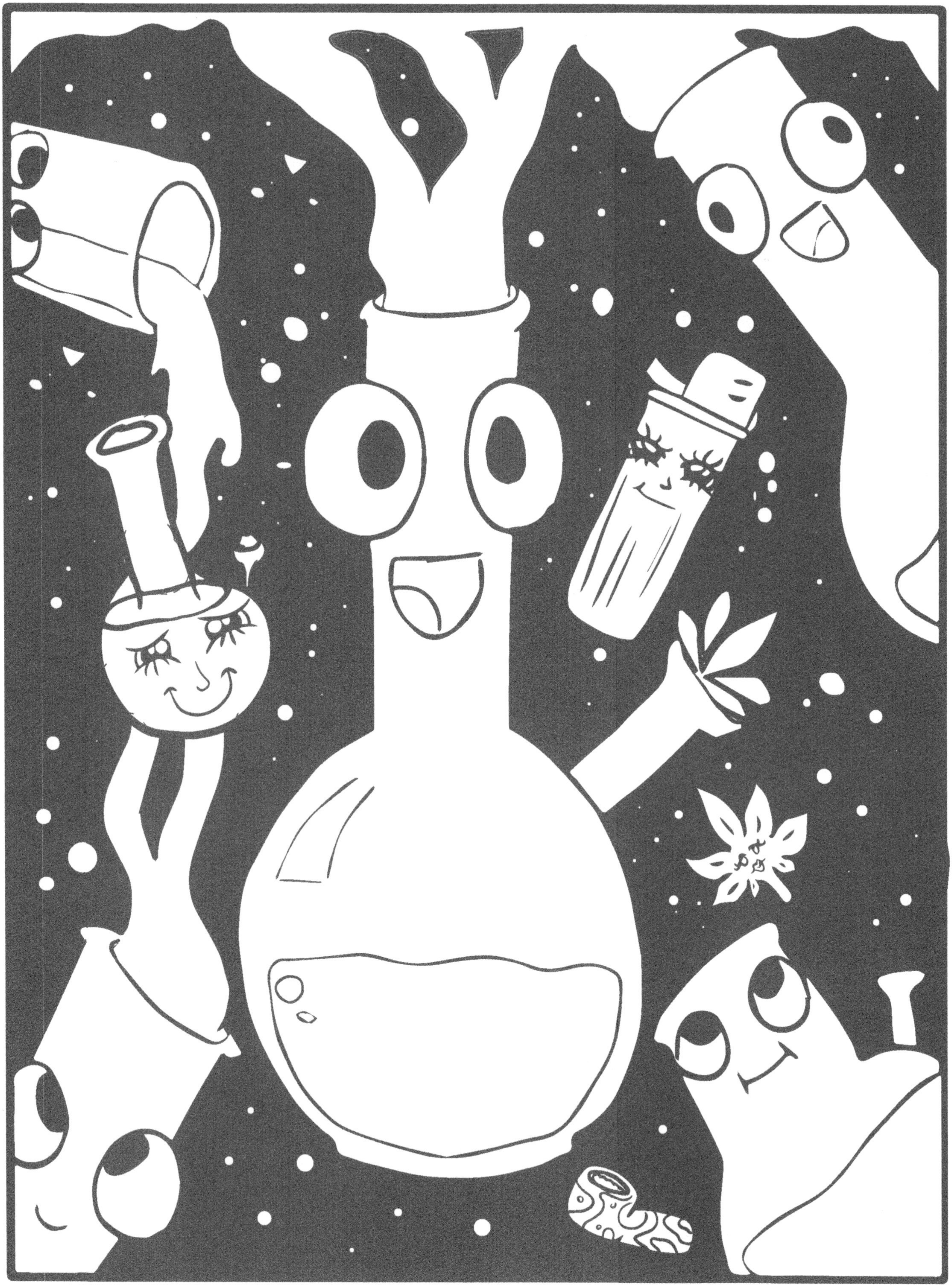

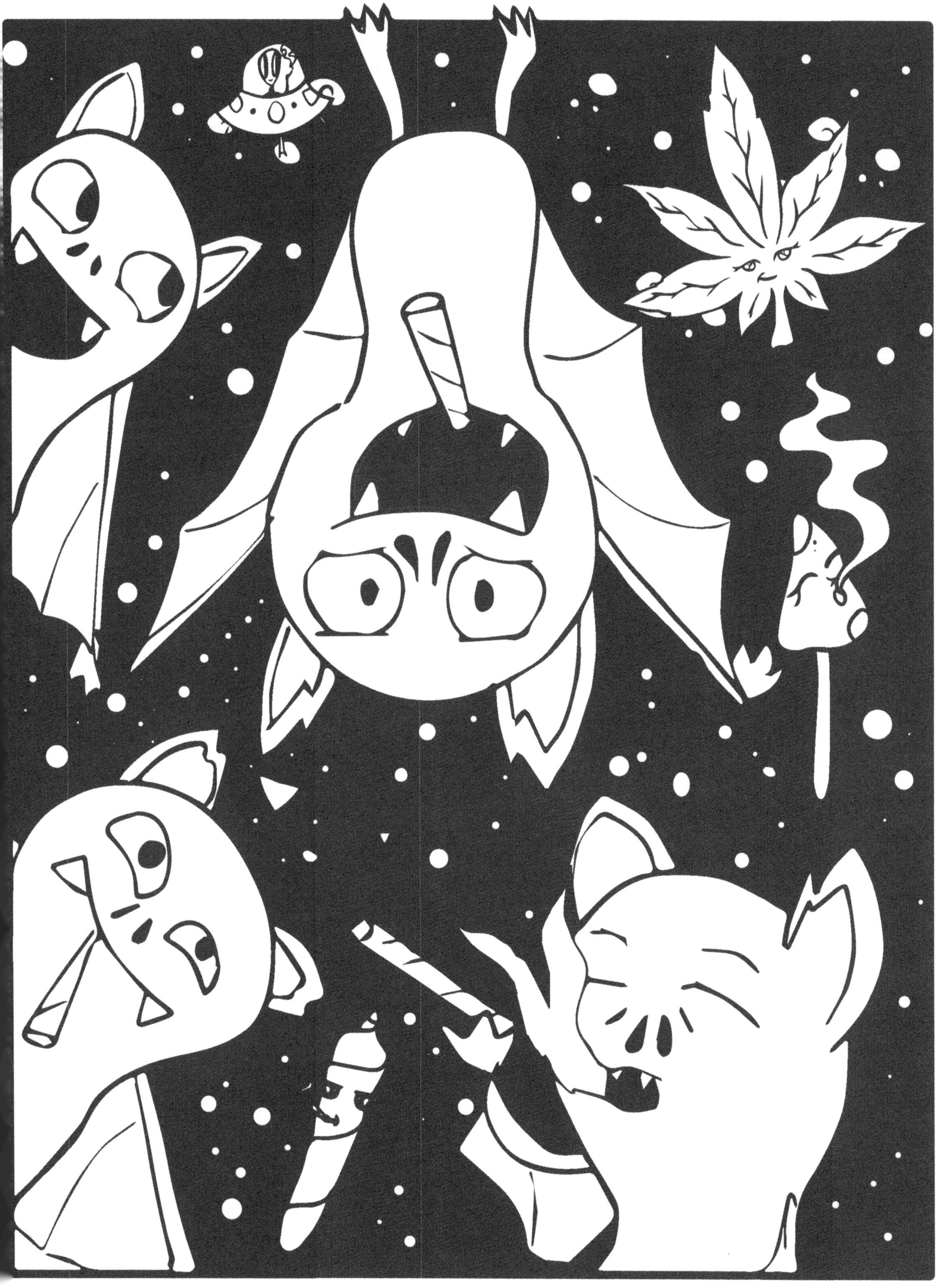

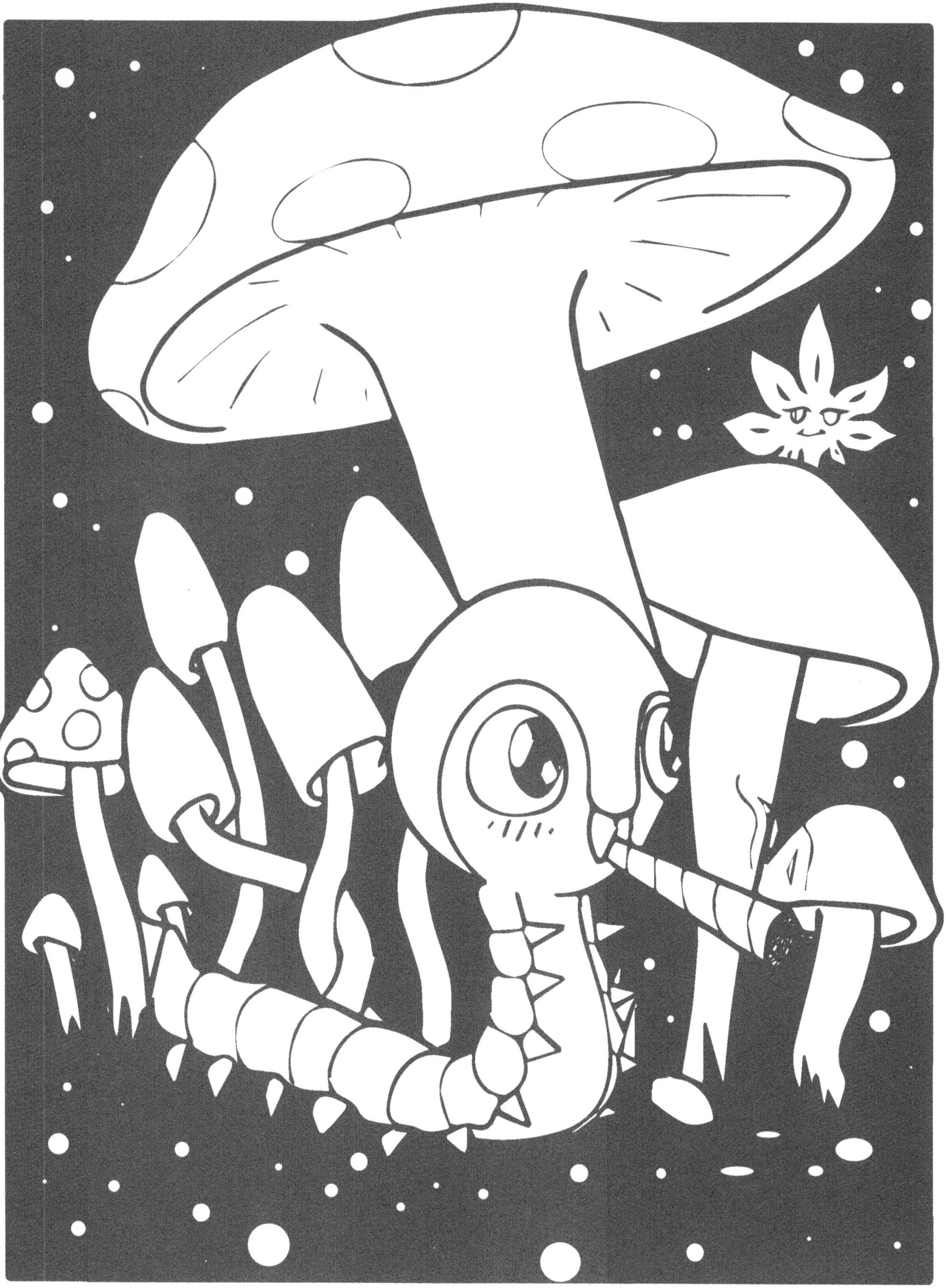

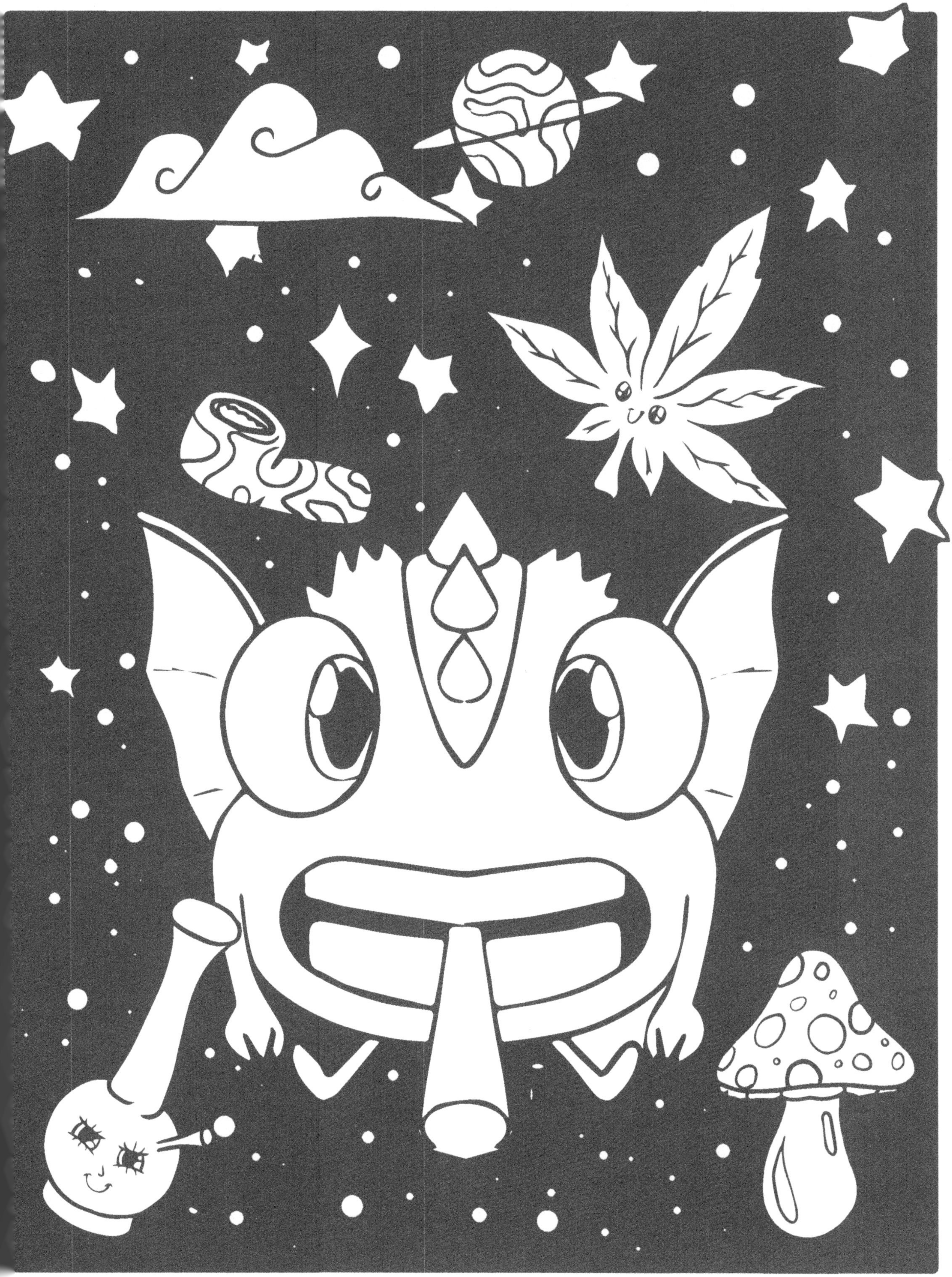

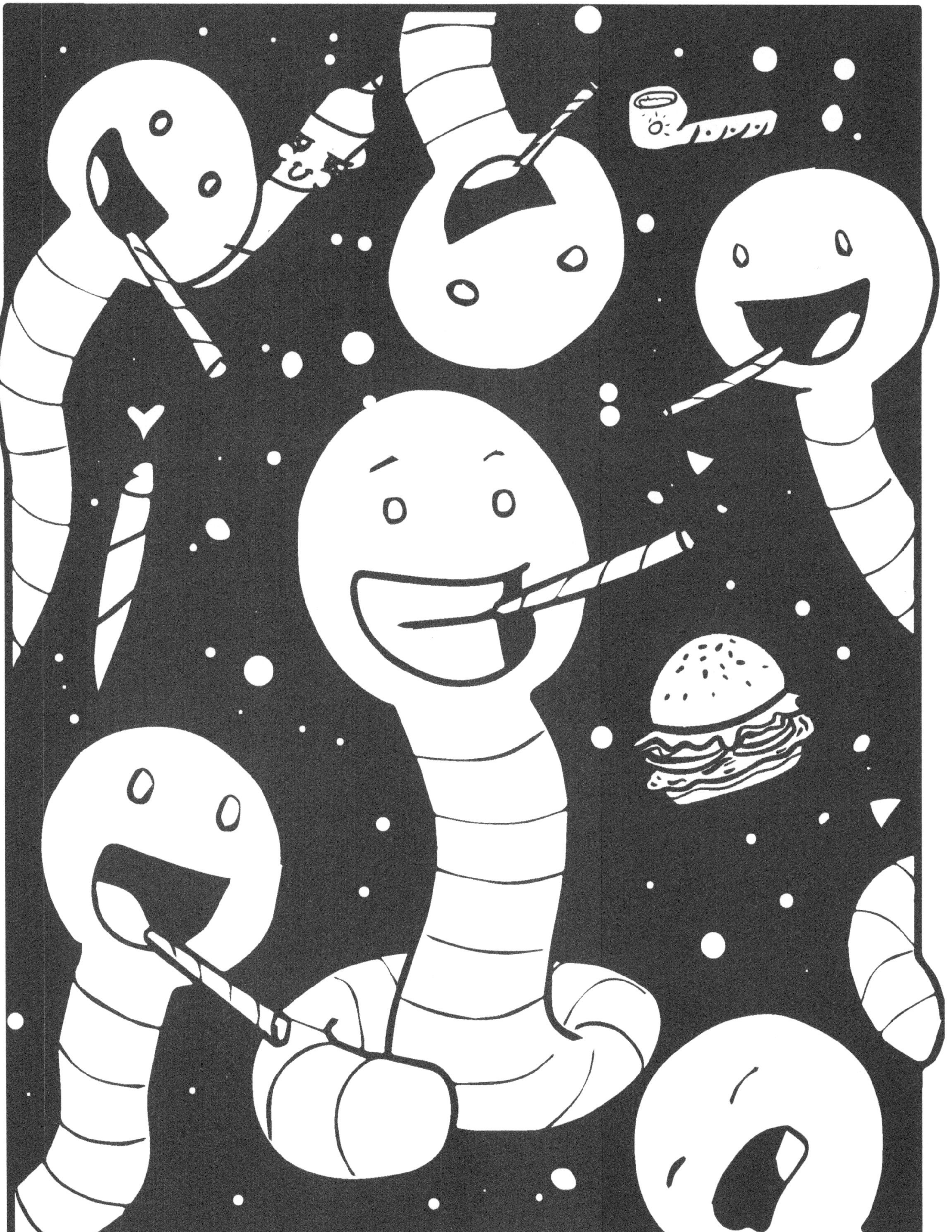

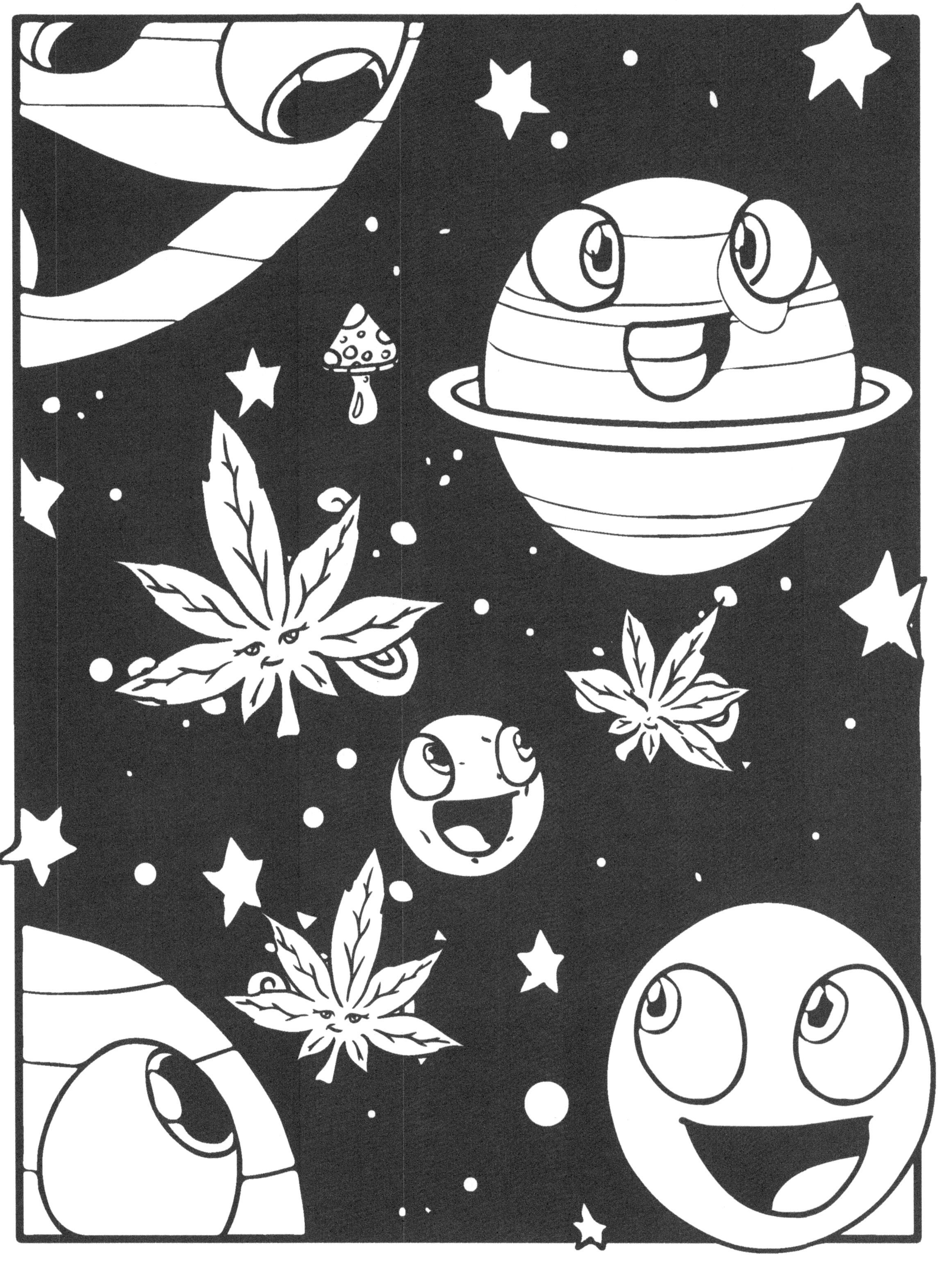

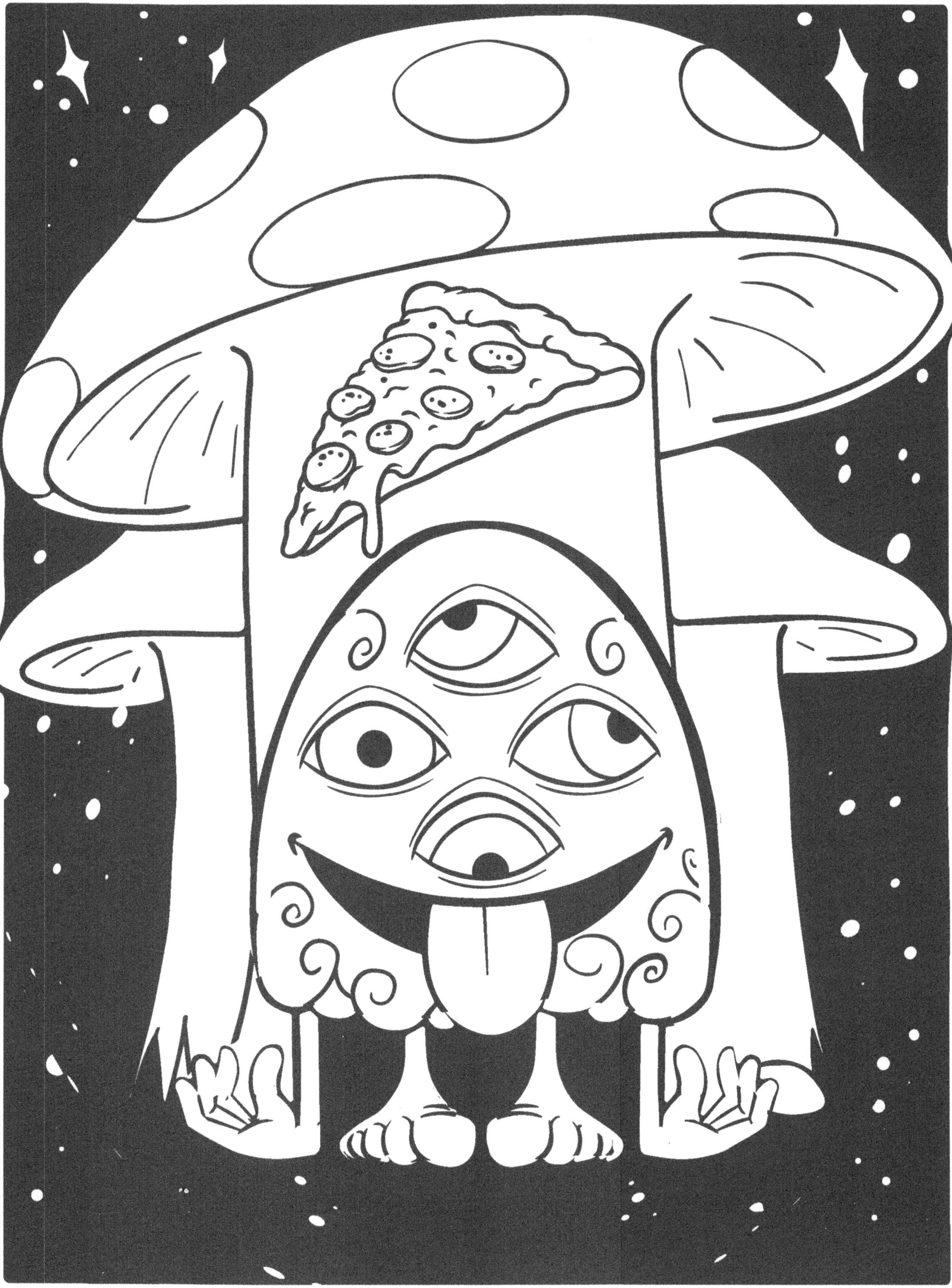

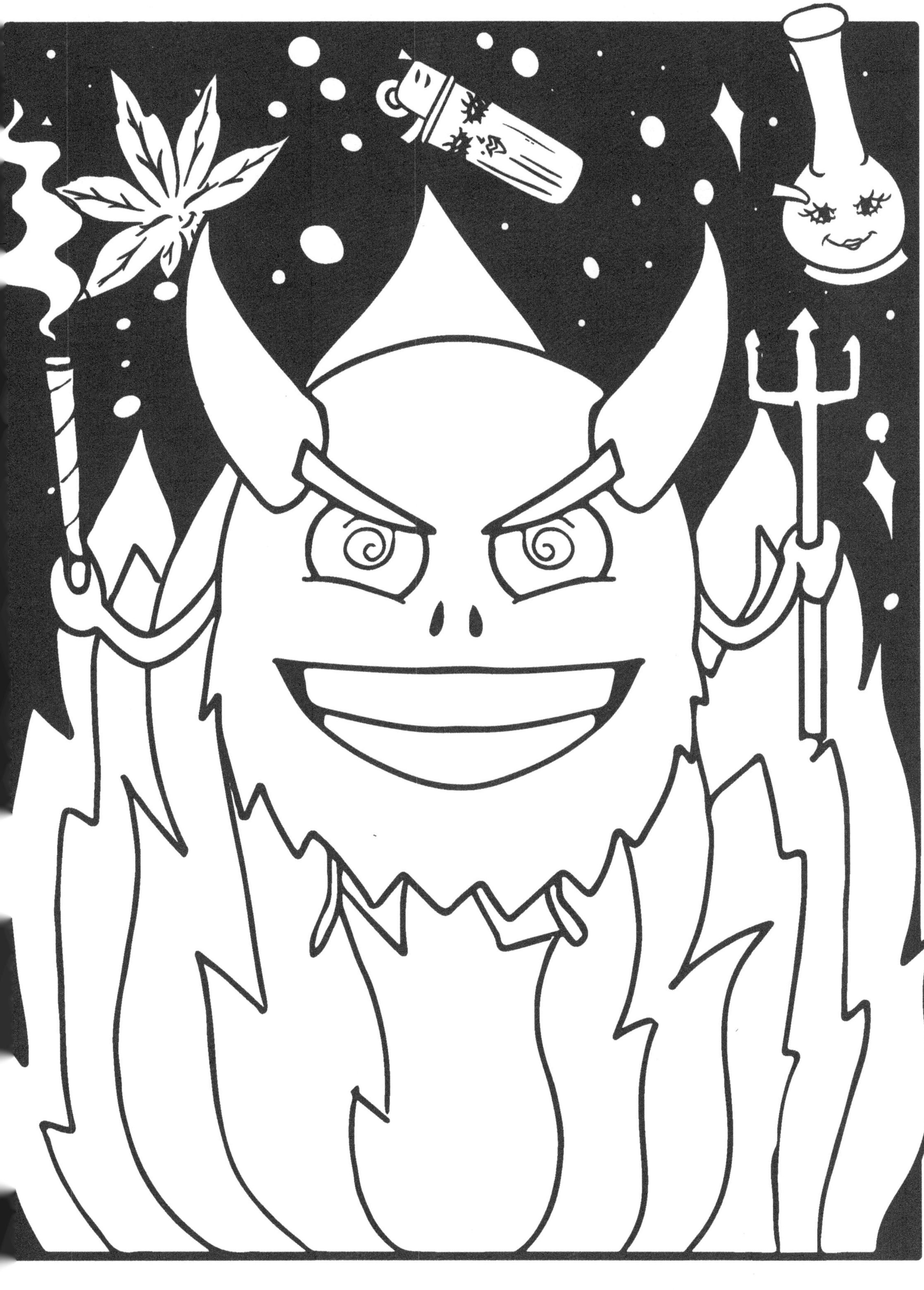

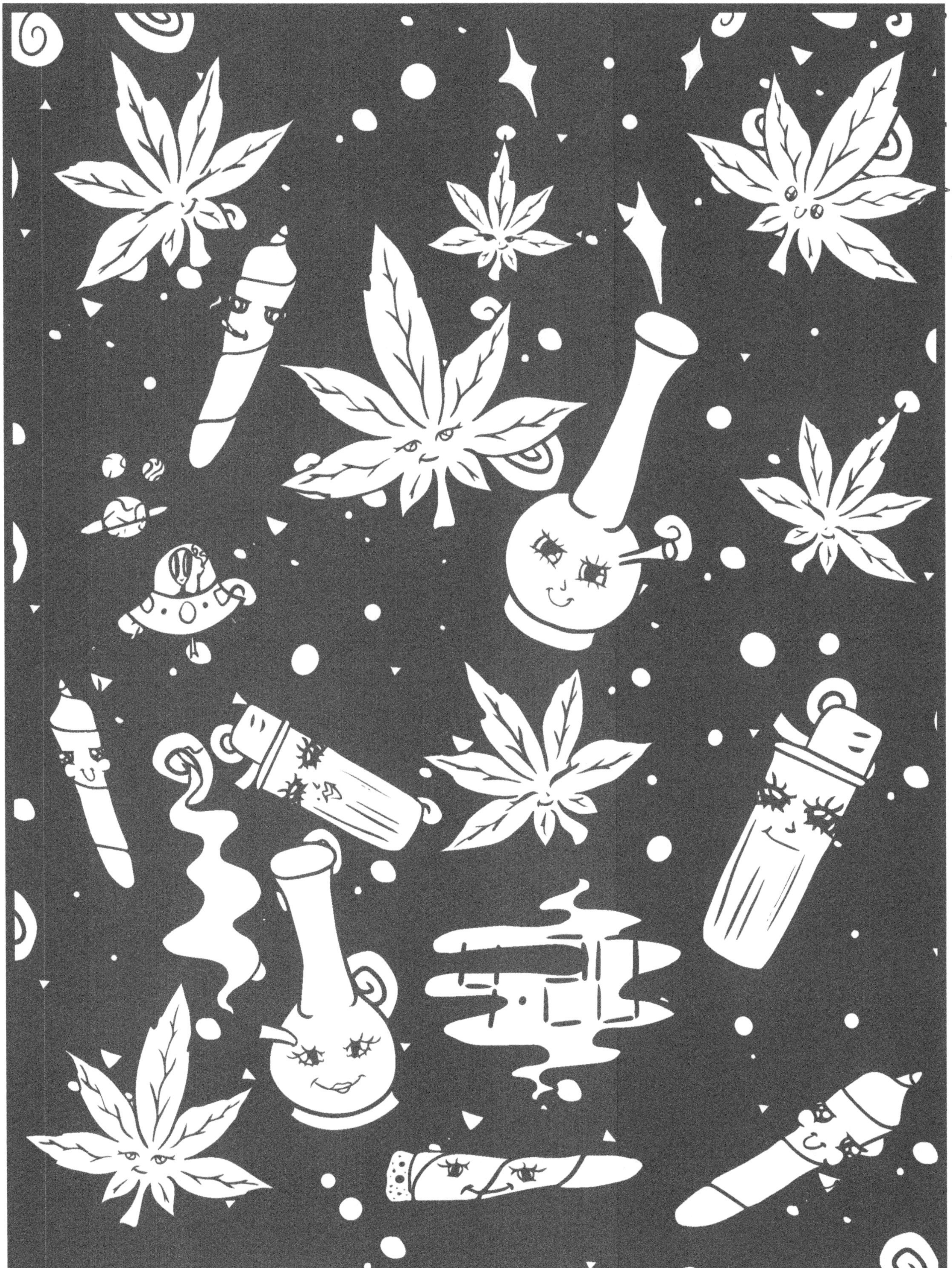

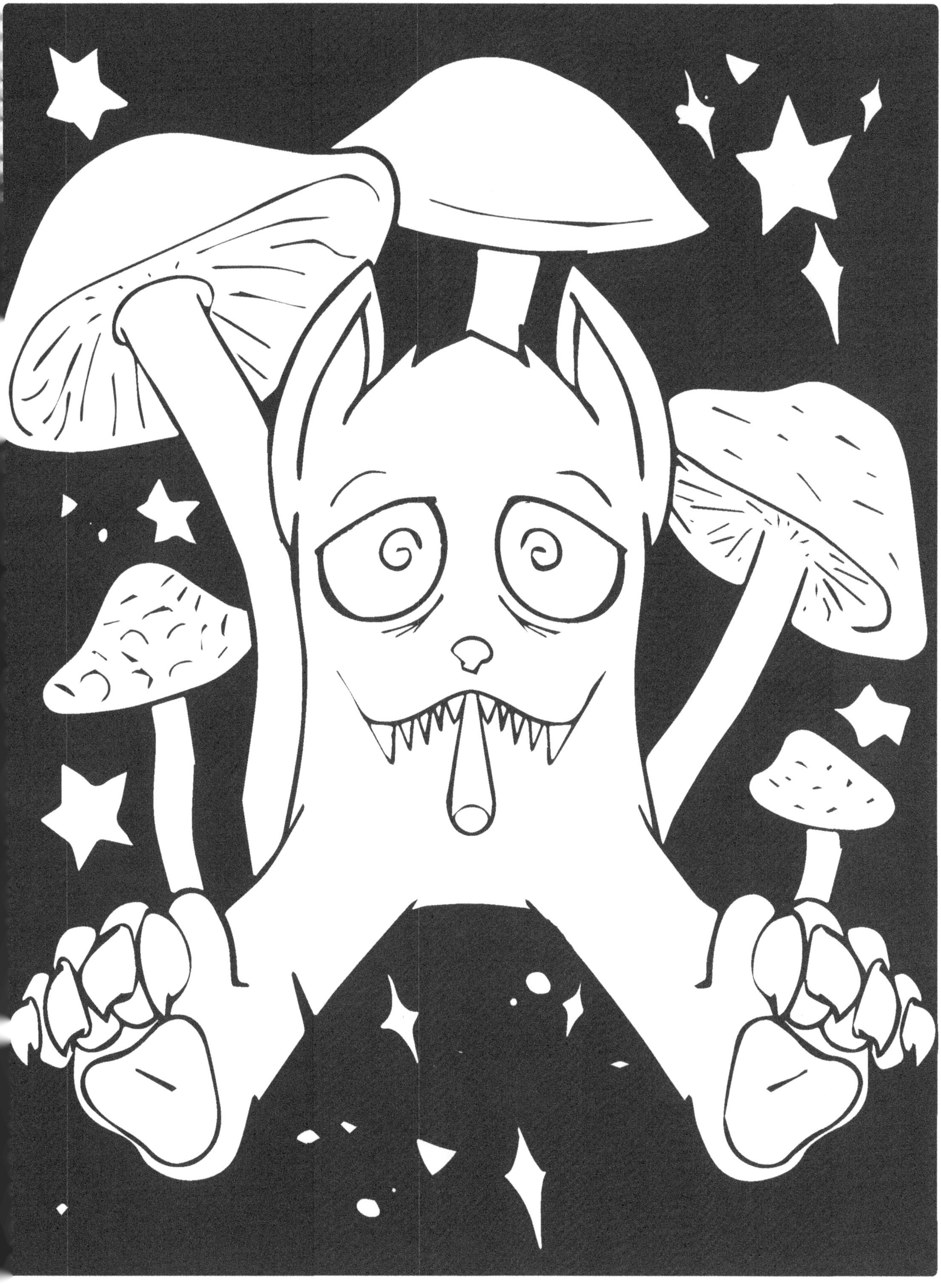

# BONUS PAGES
# START HERE

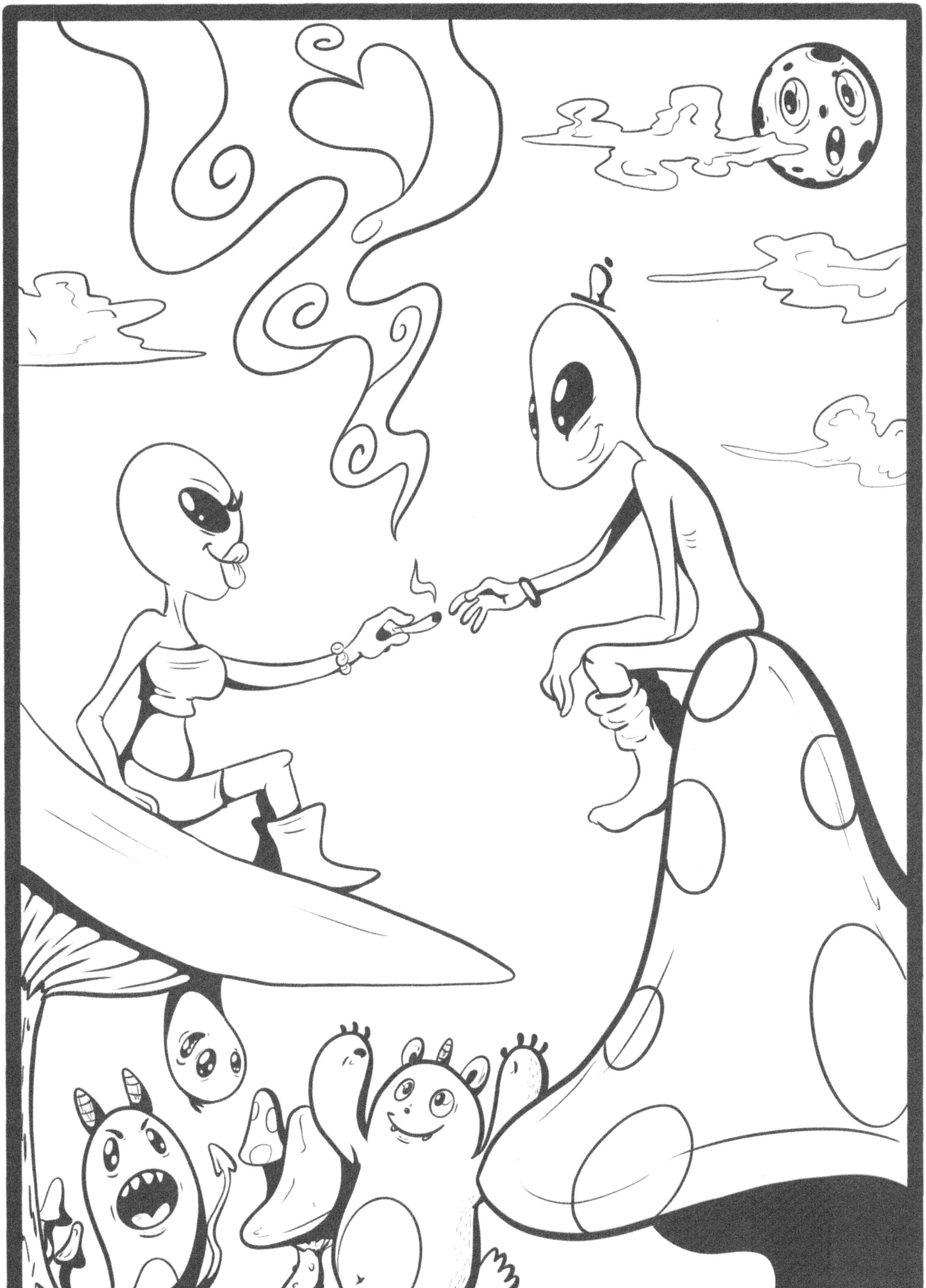

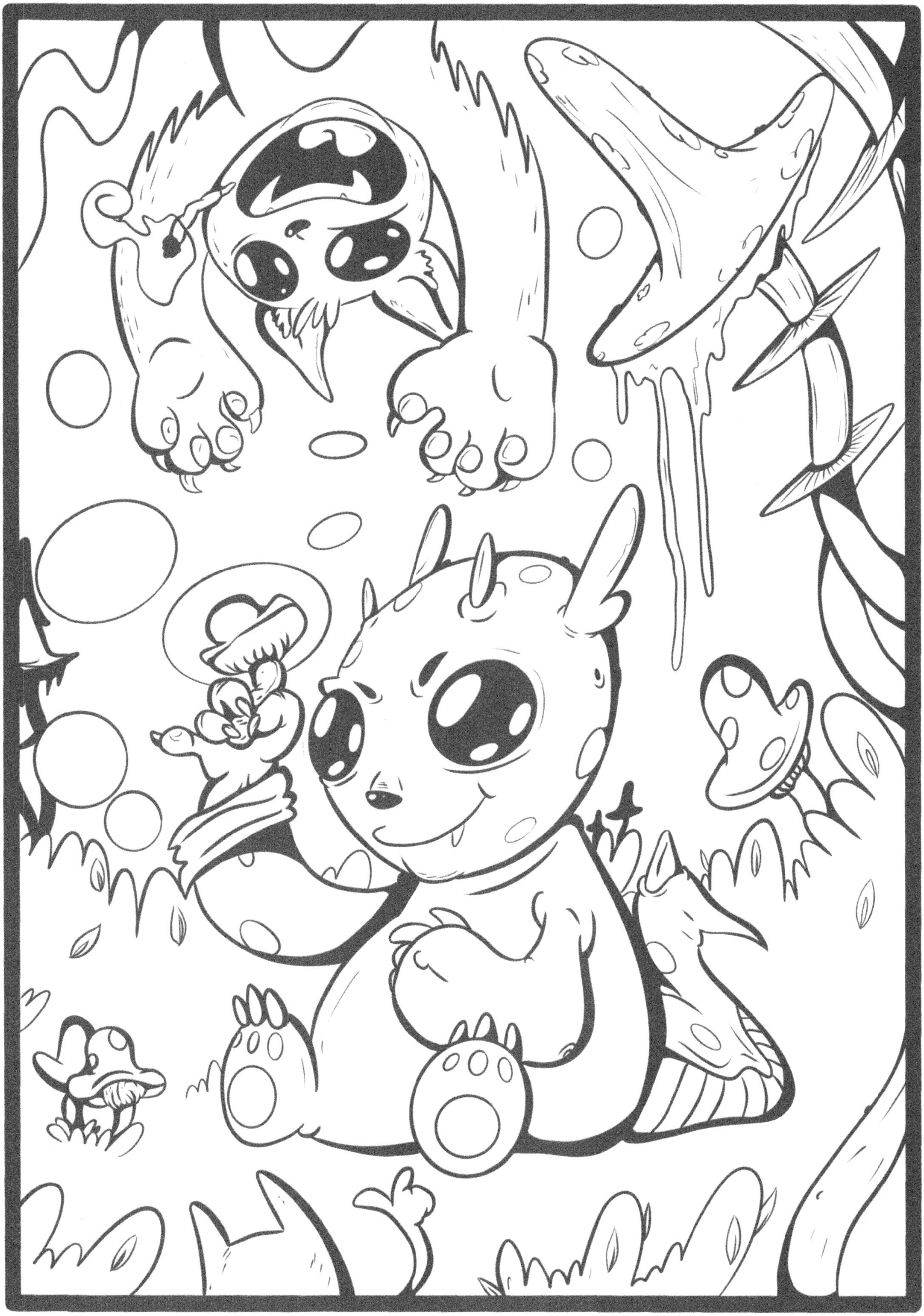

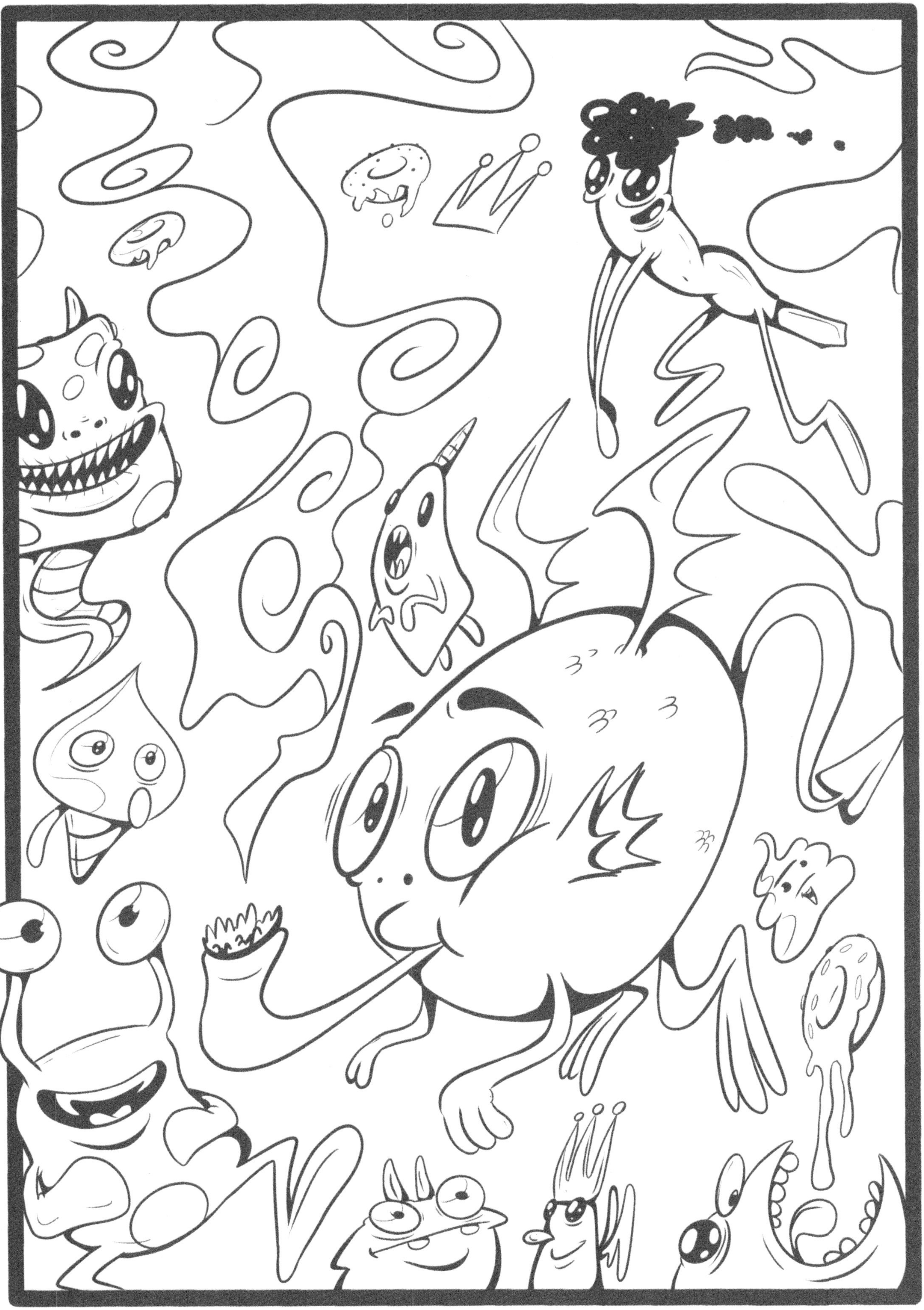

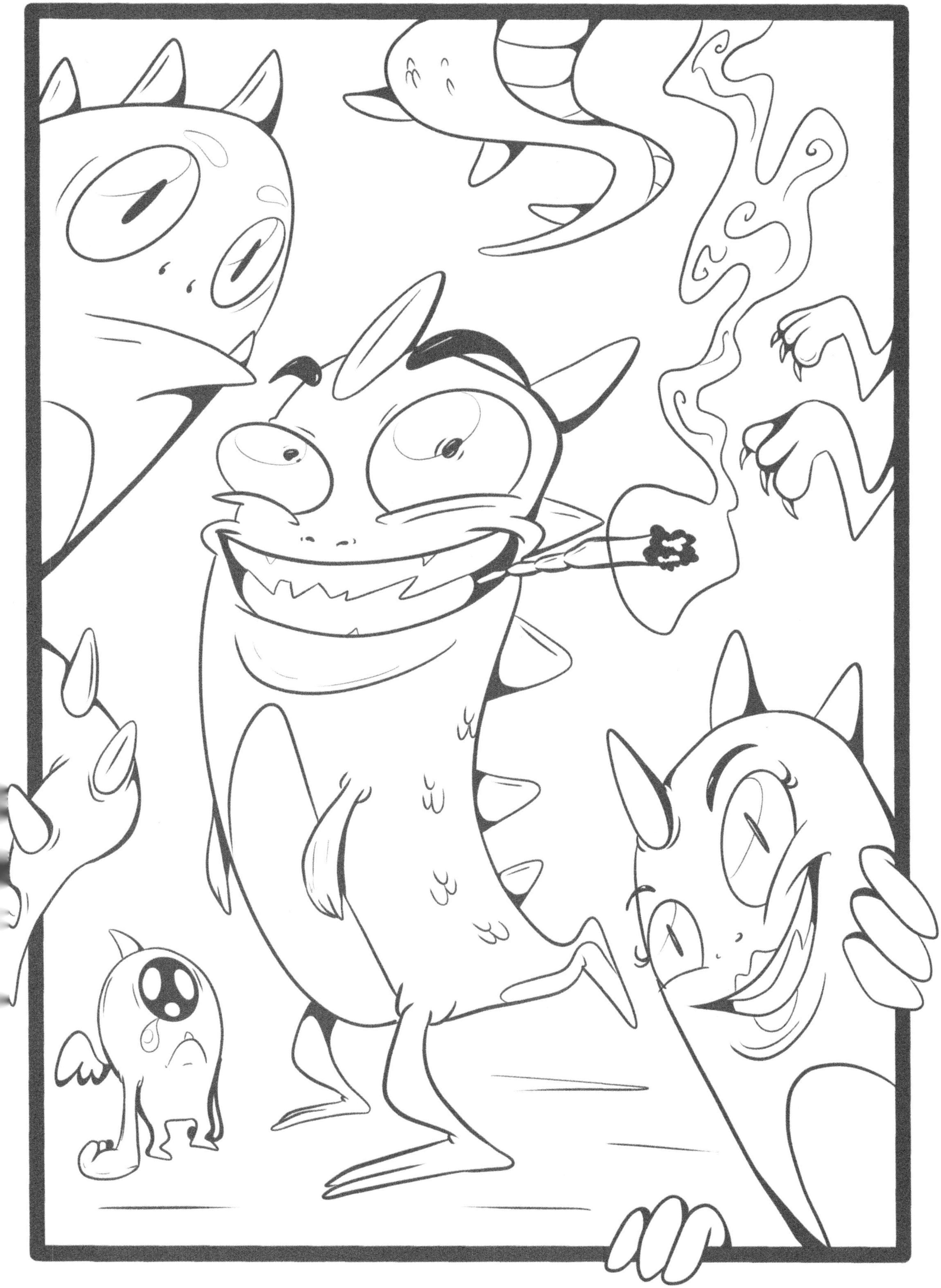

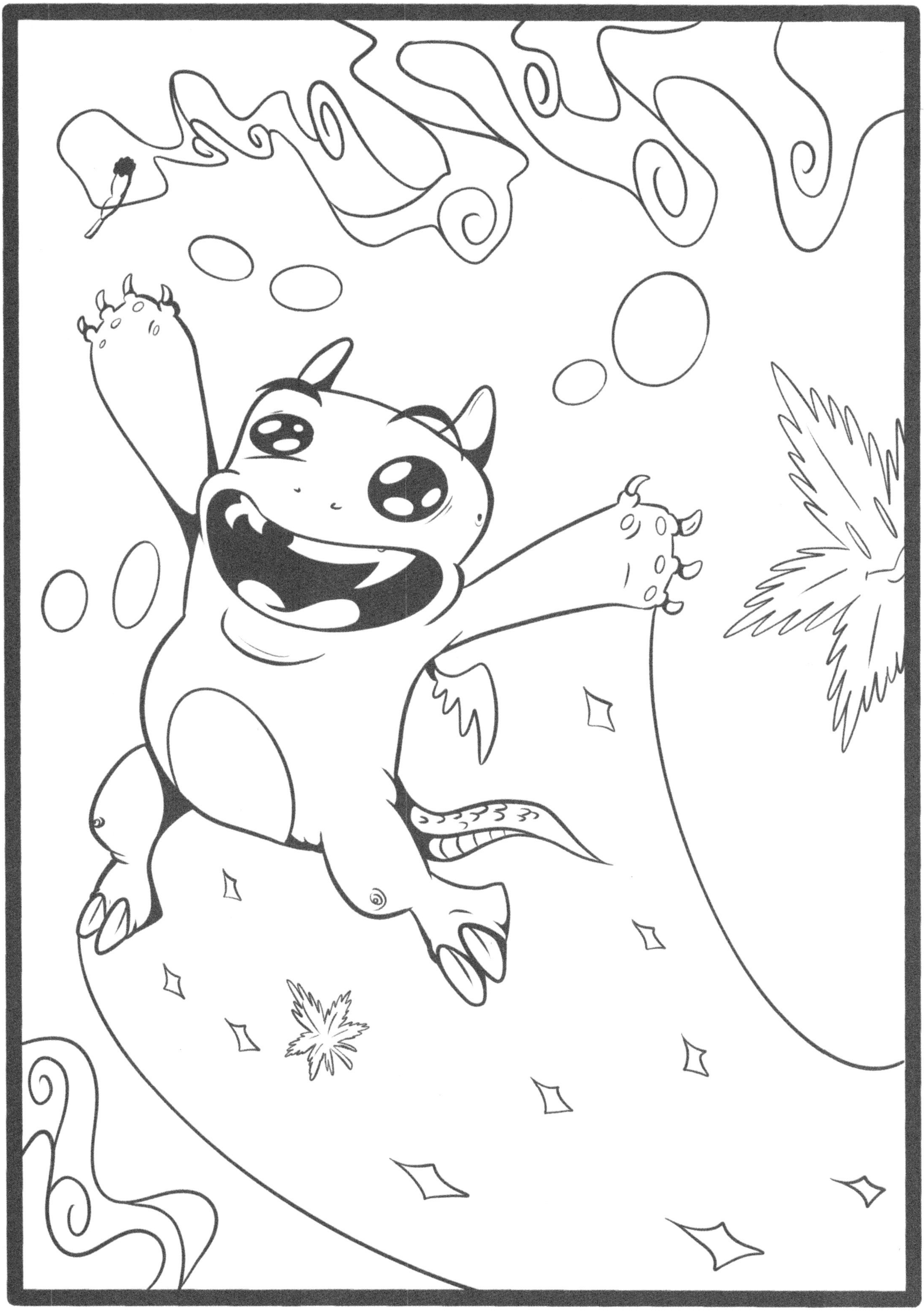

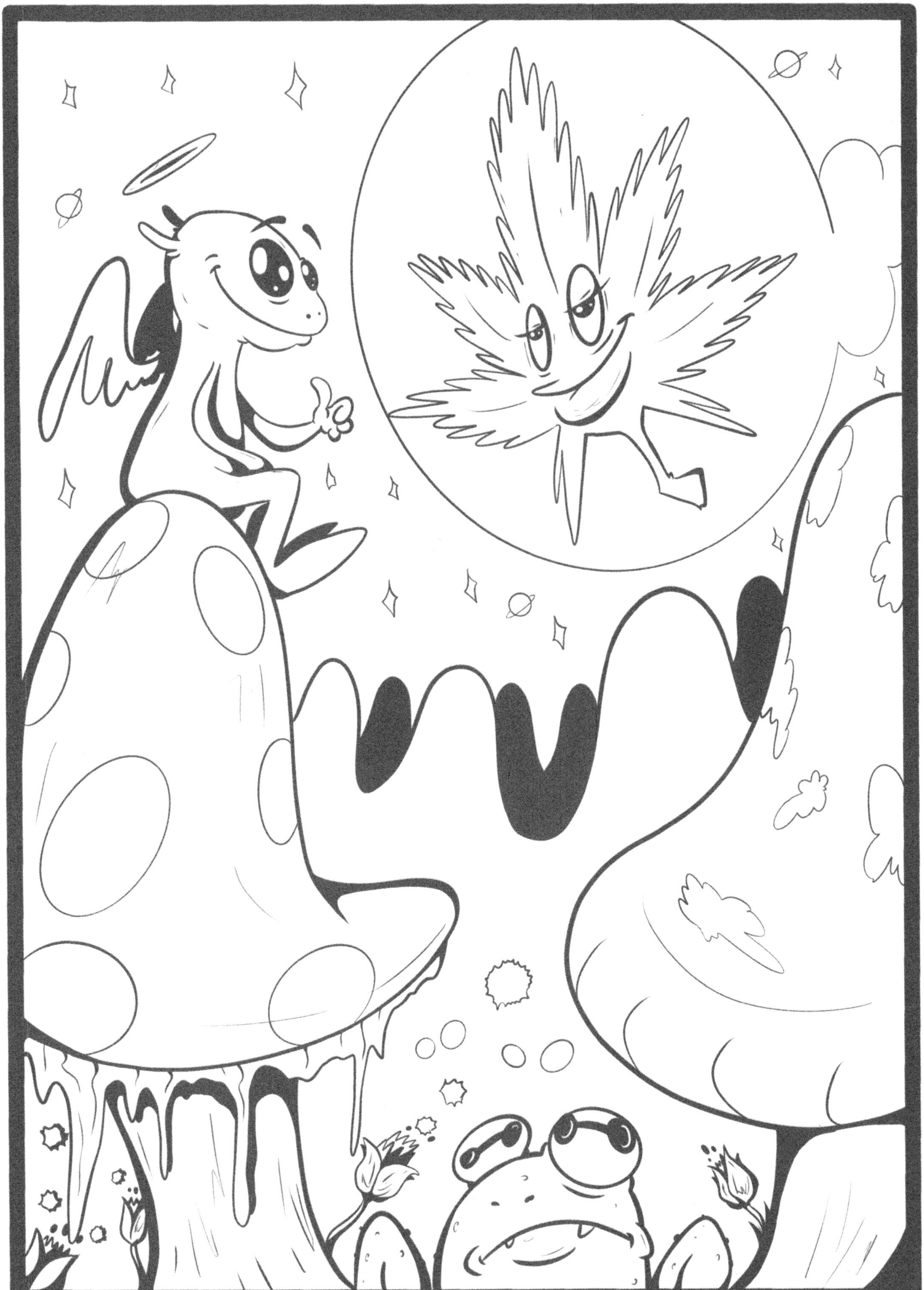

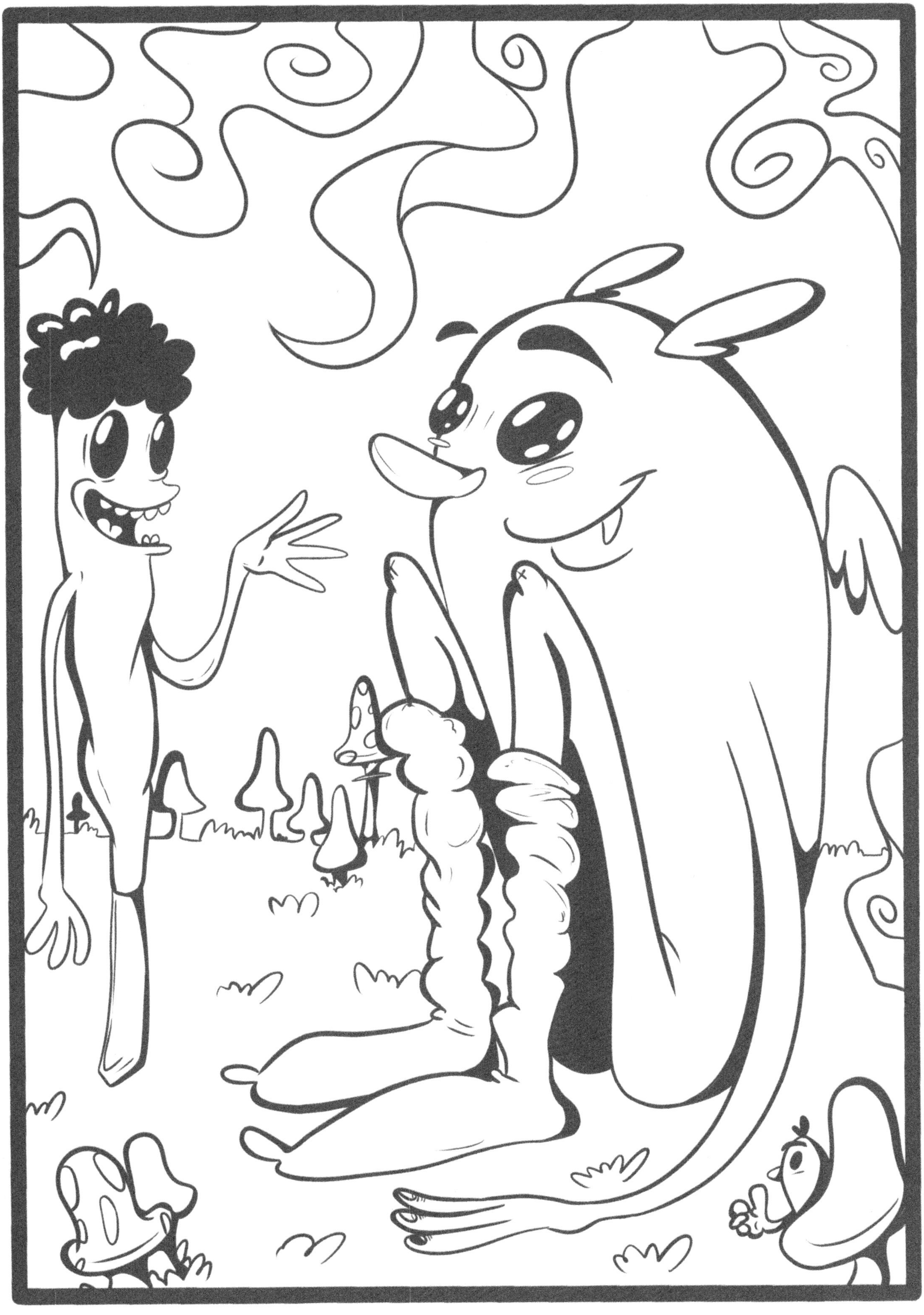

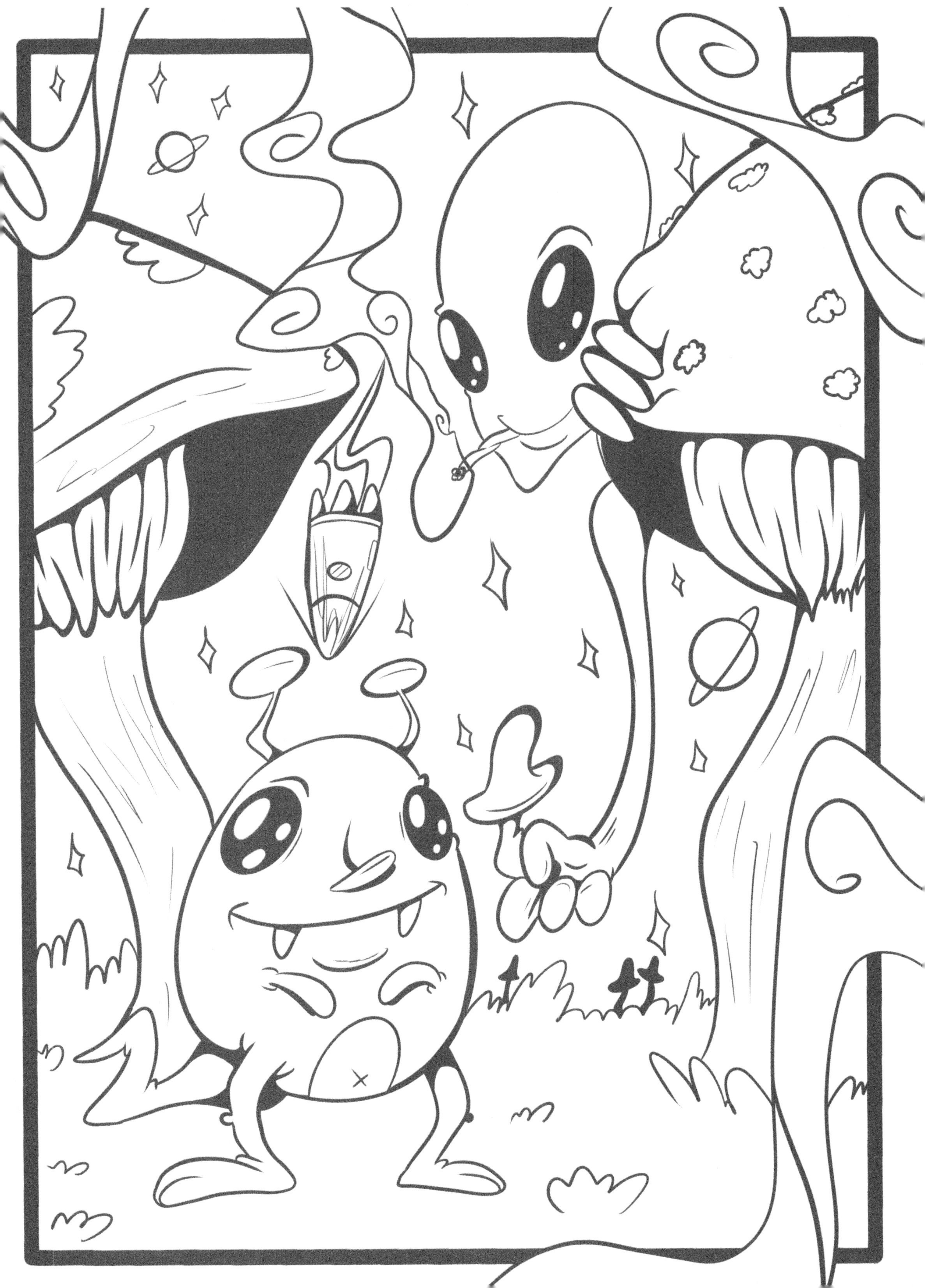

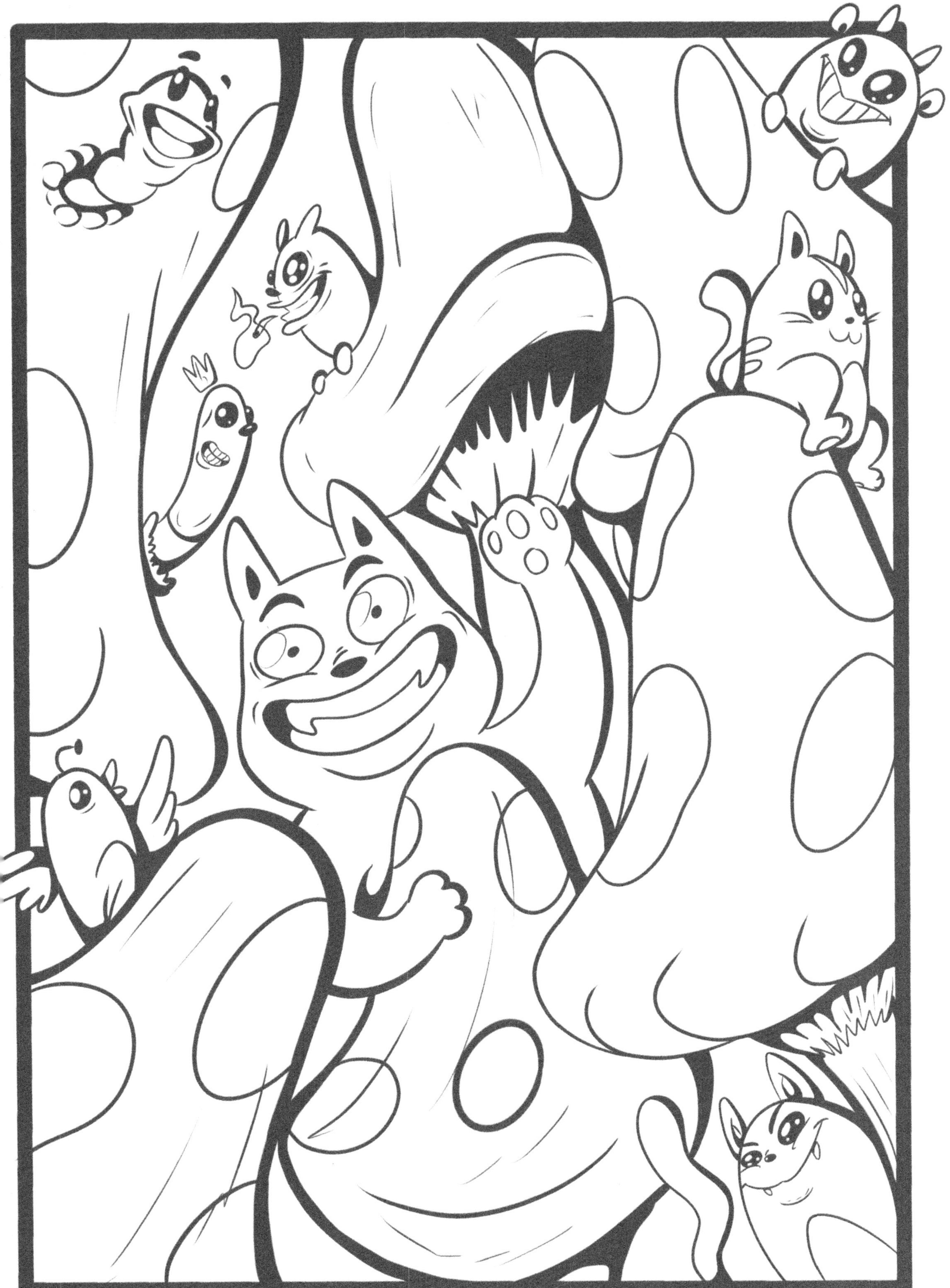

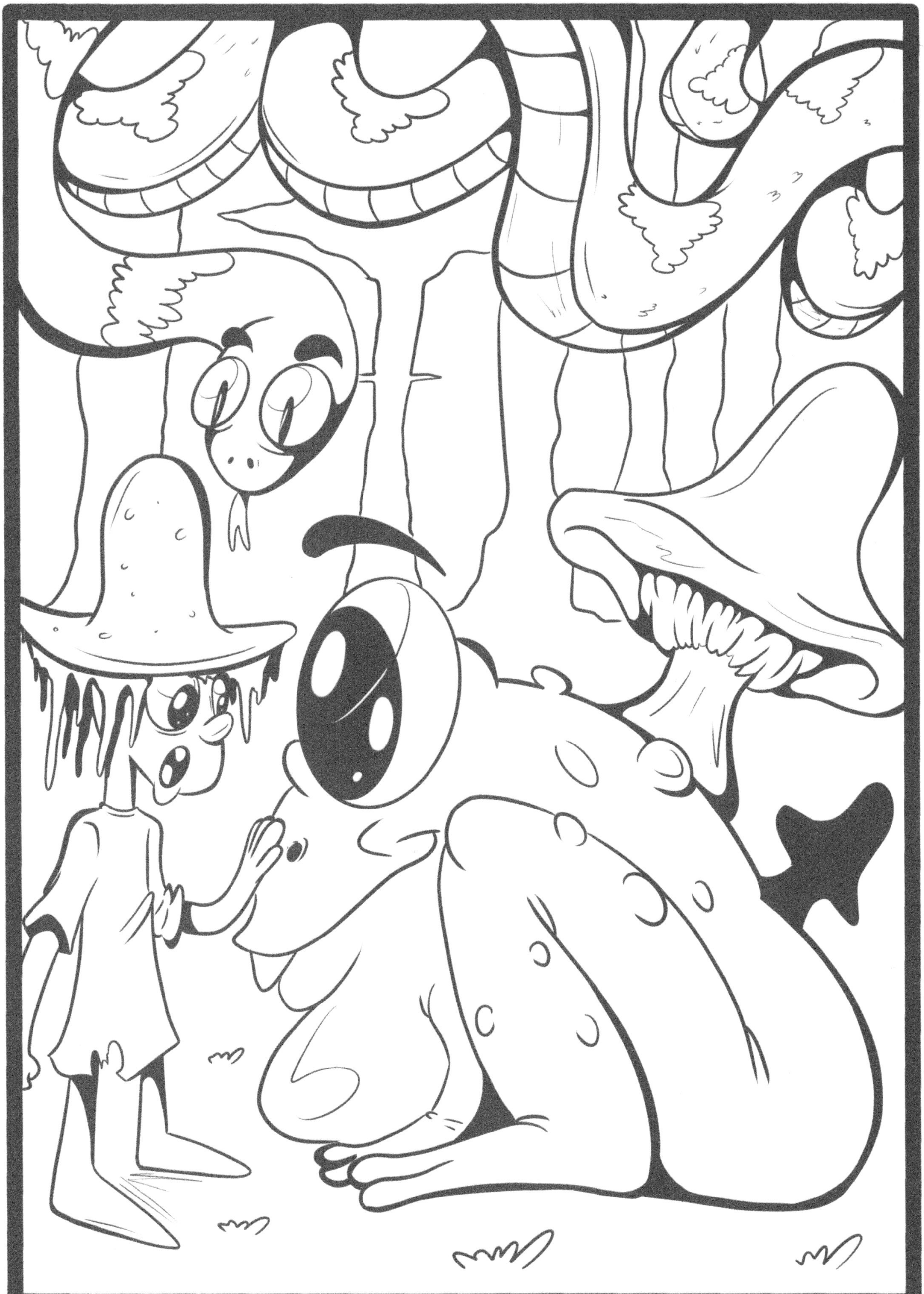

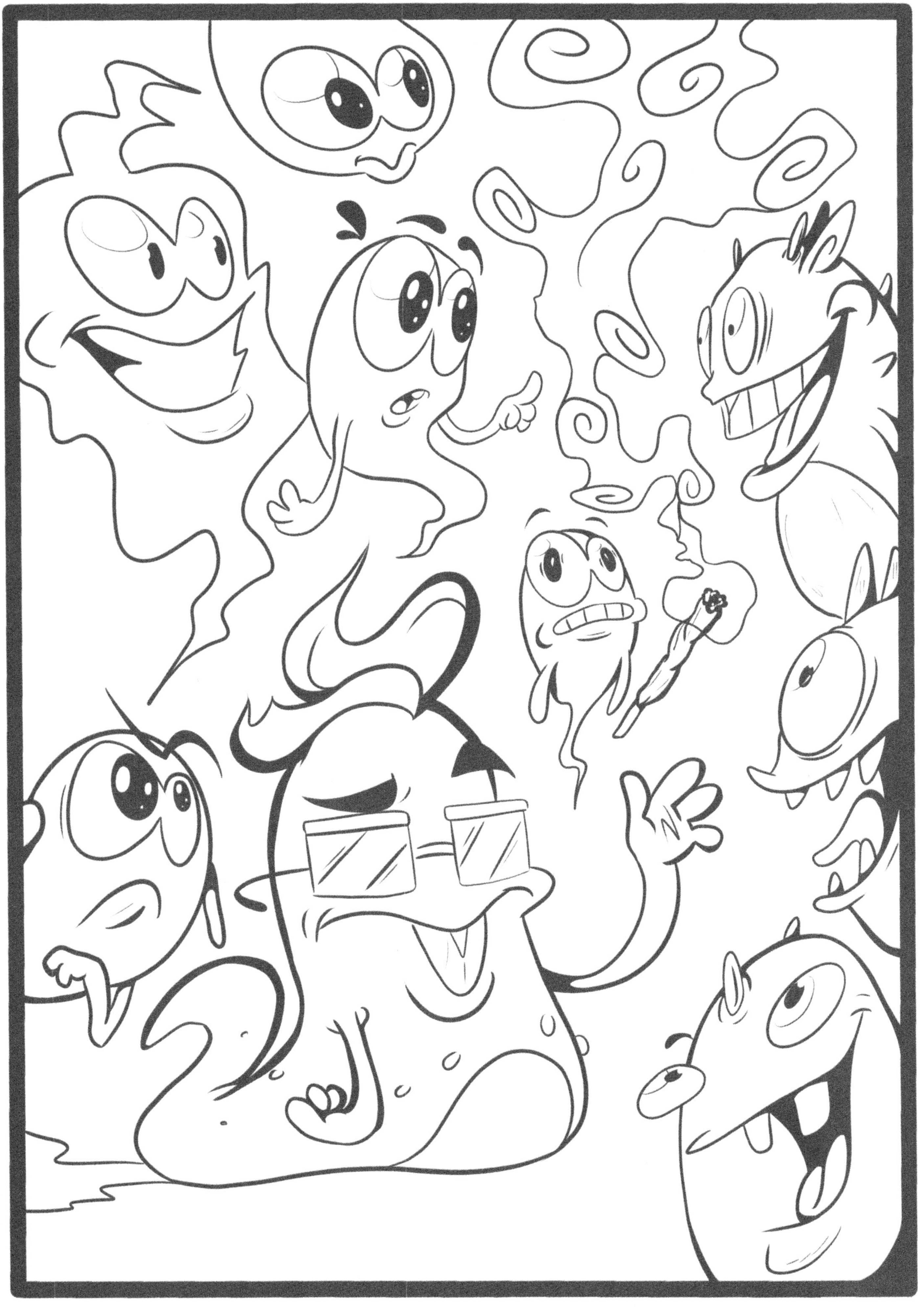

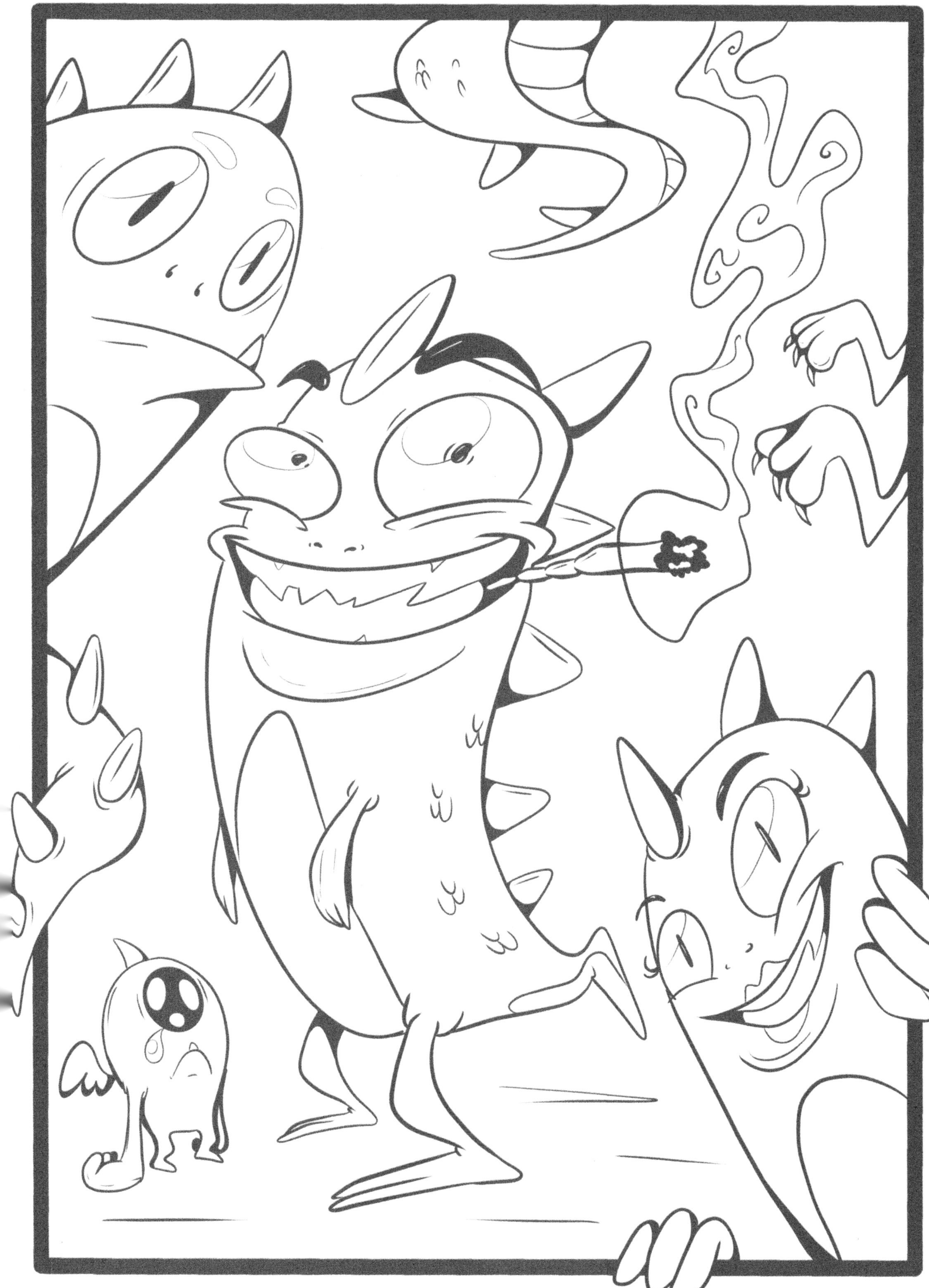

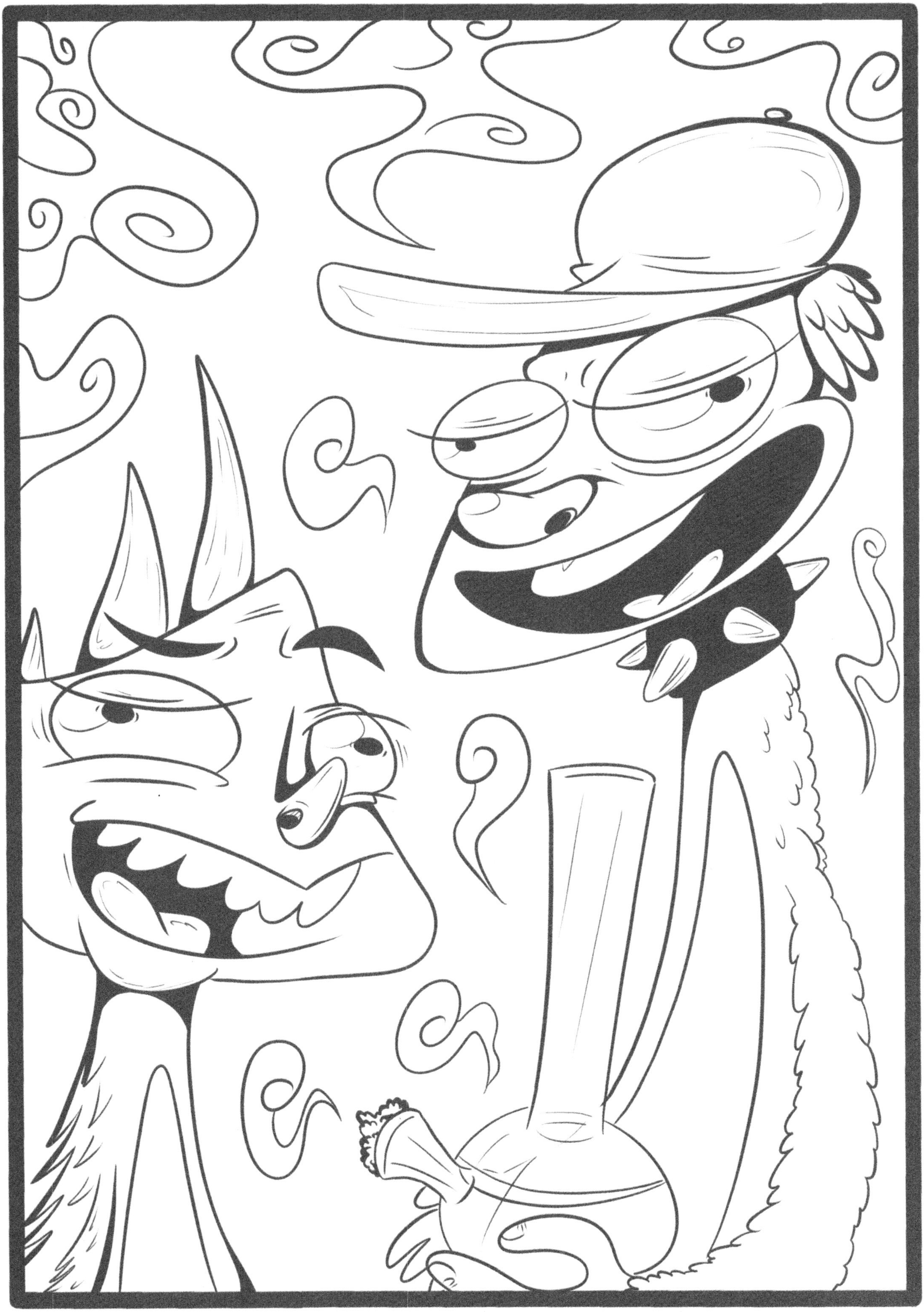

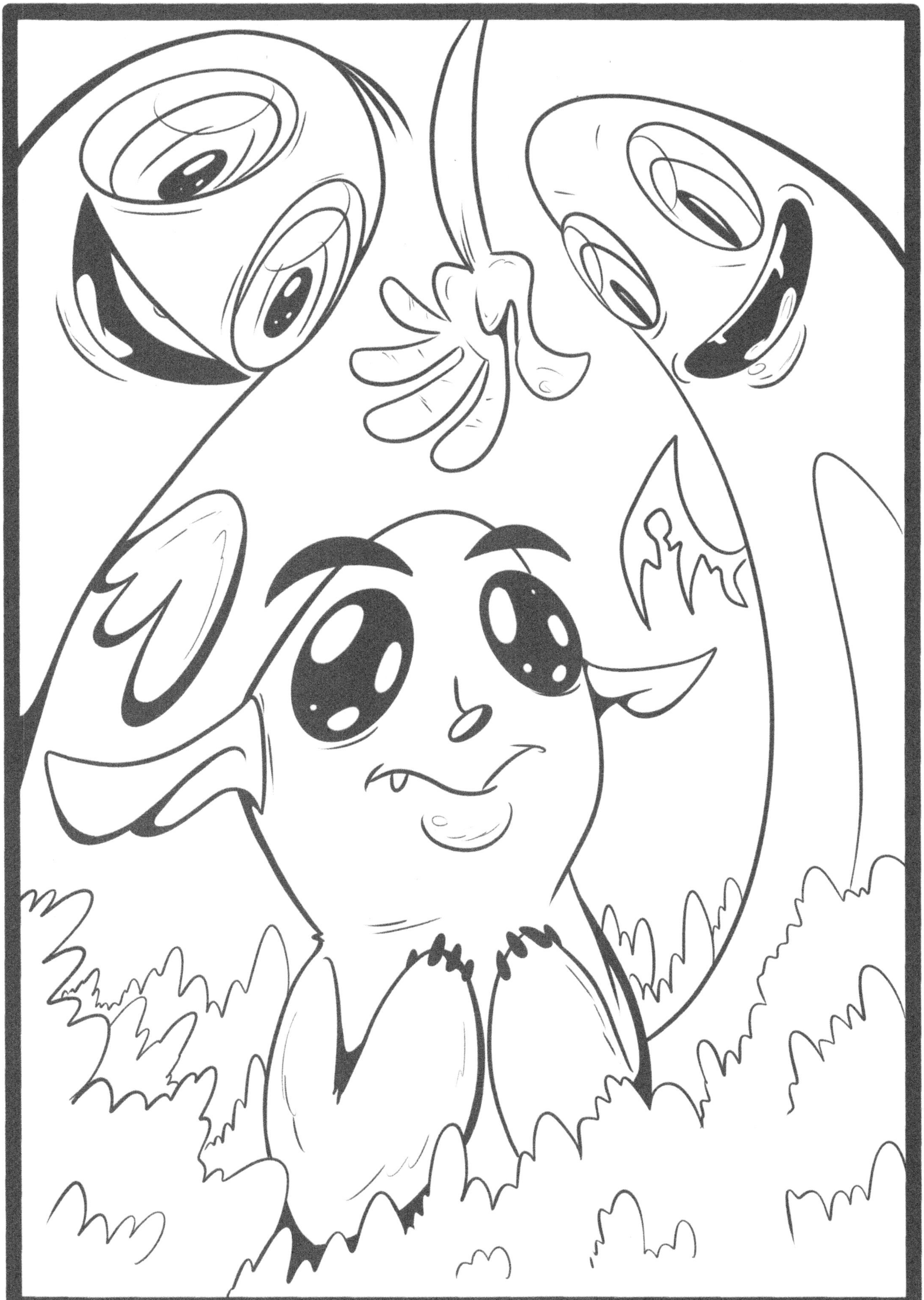

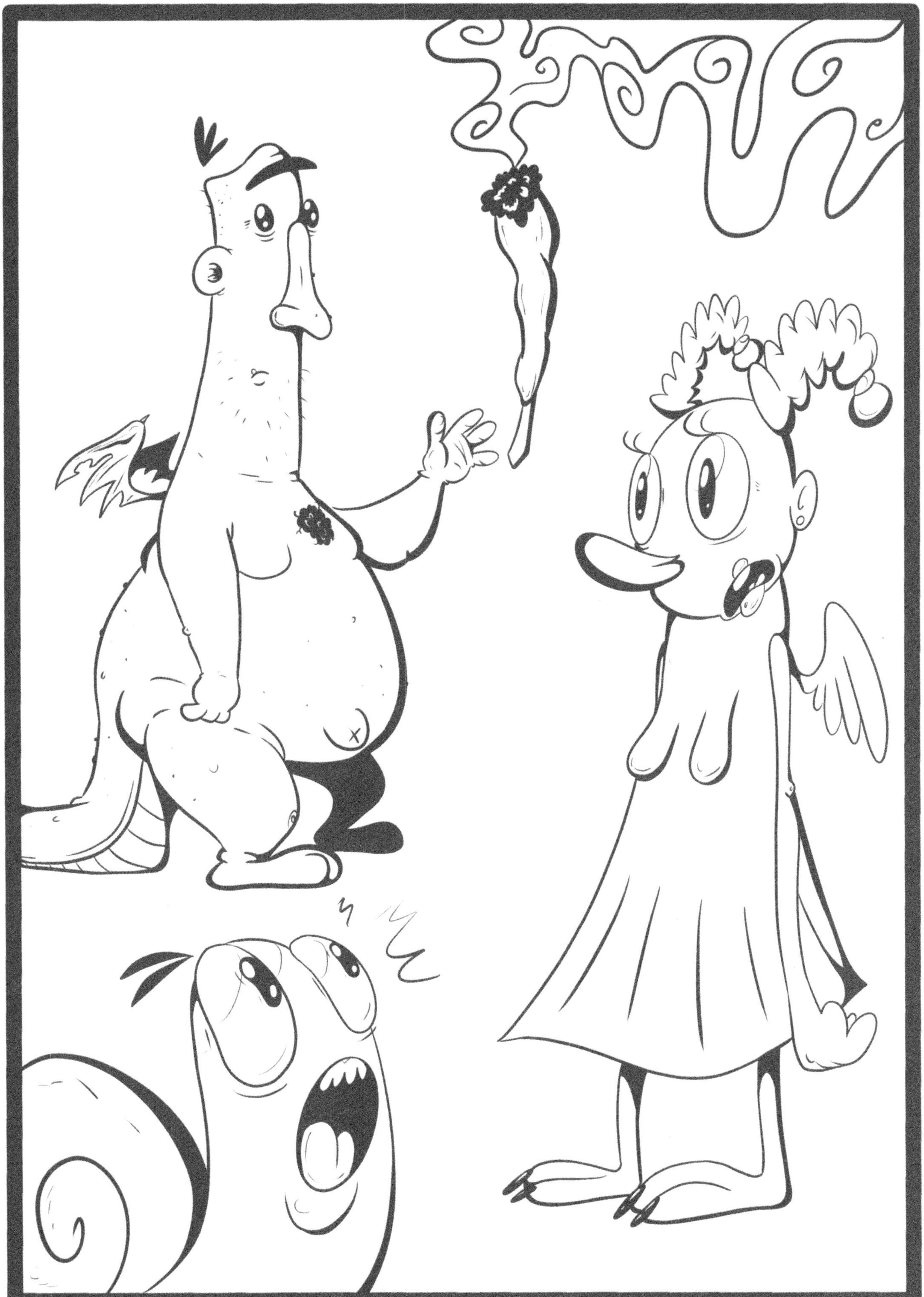

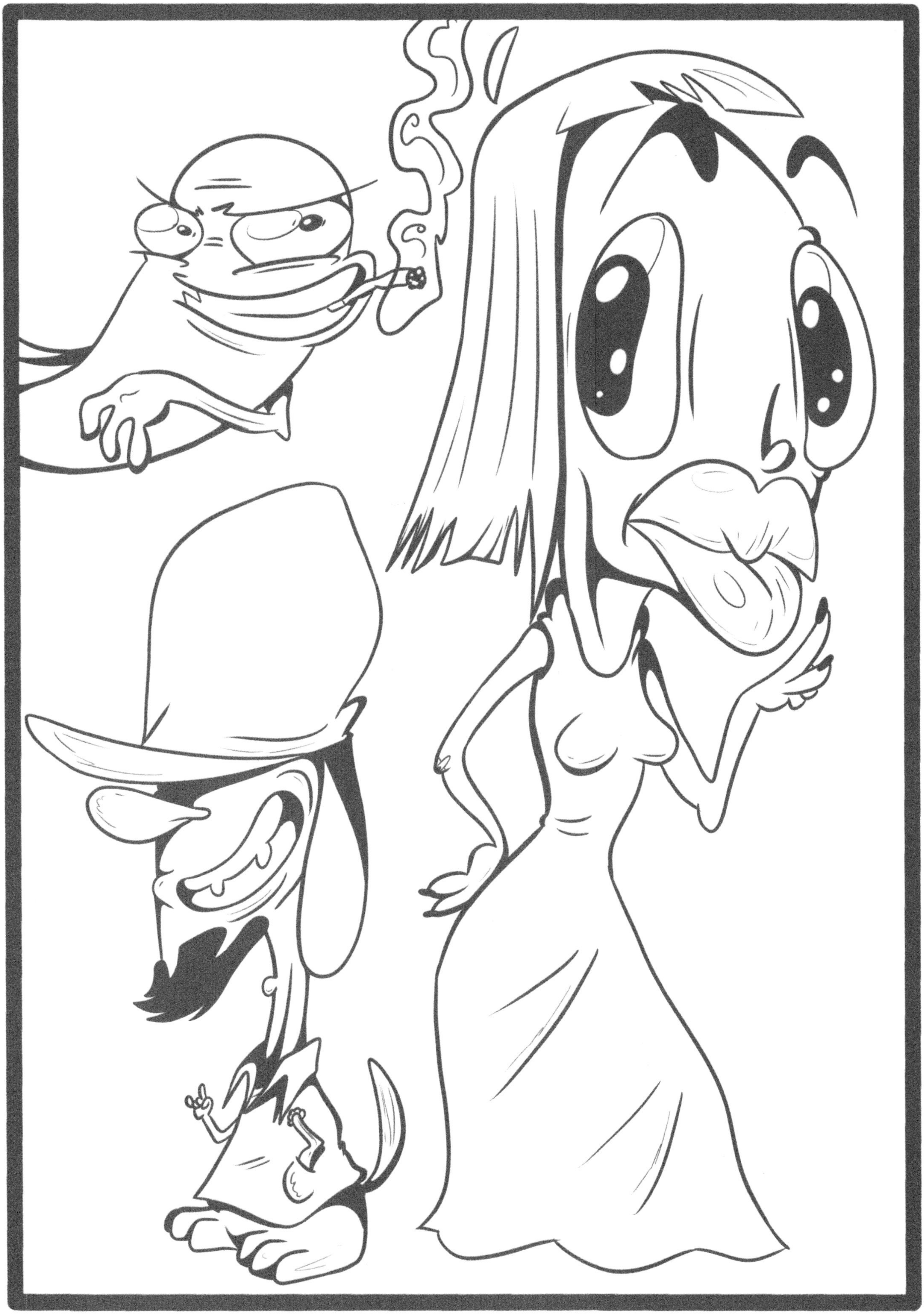

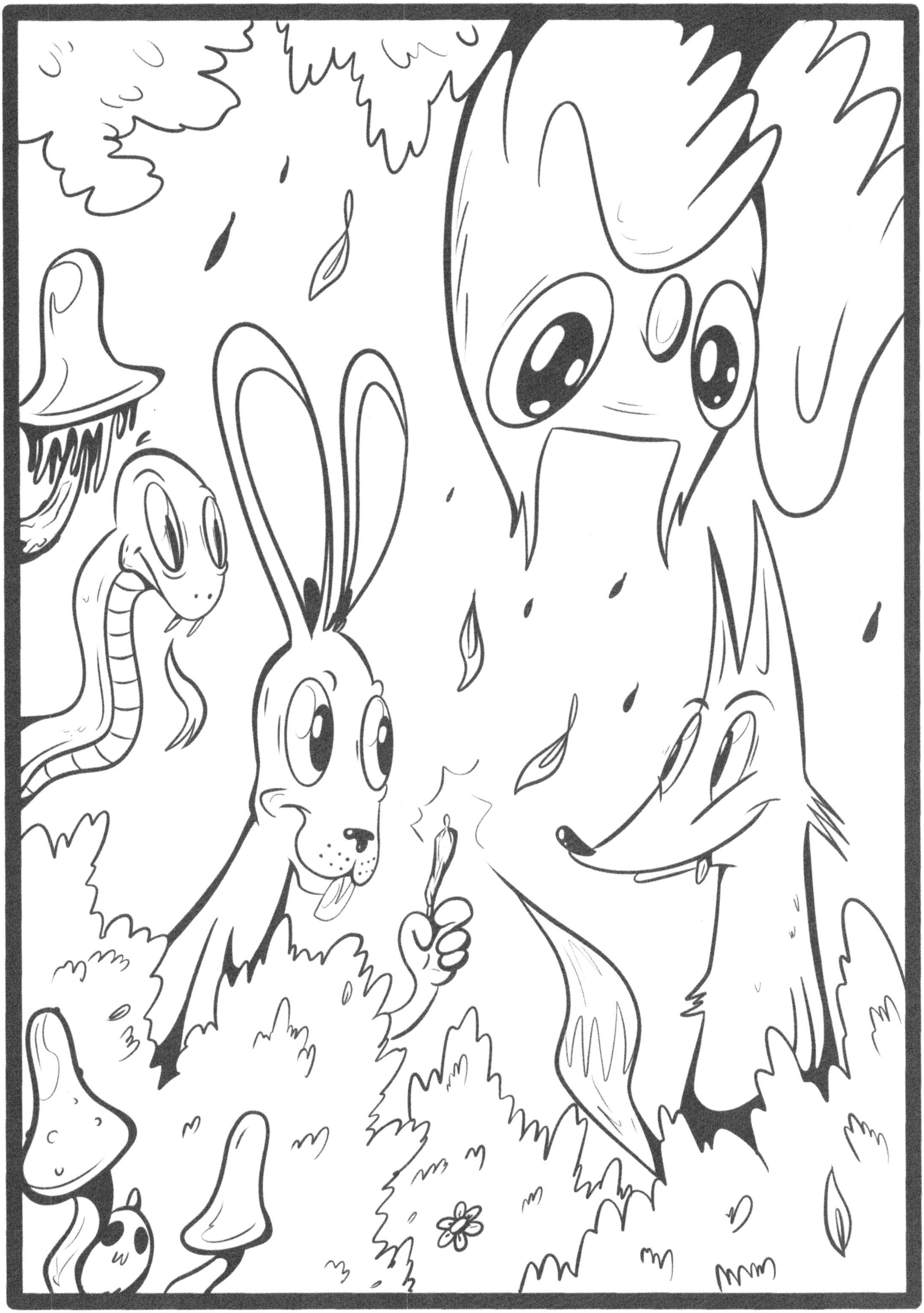

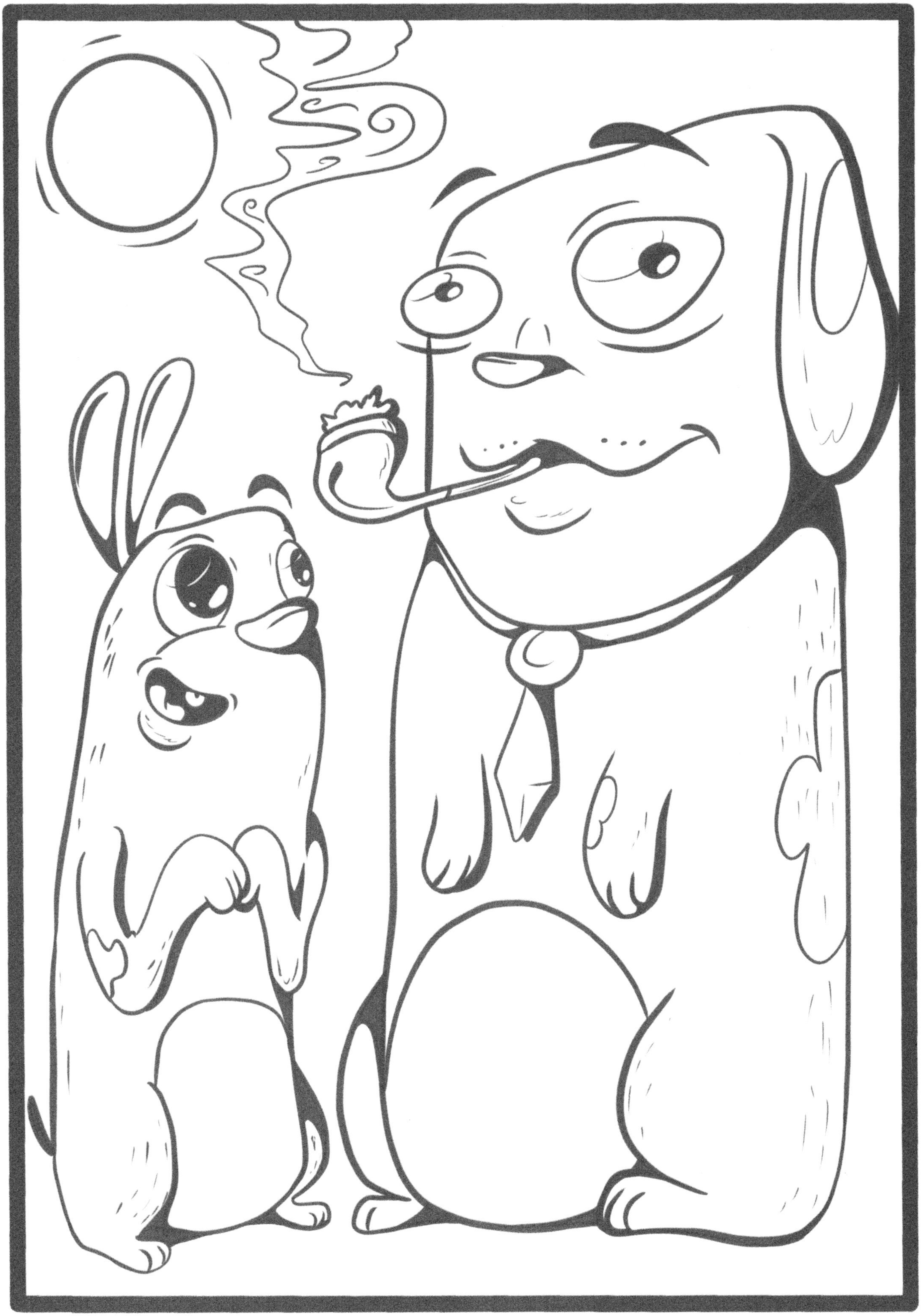

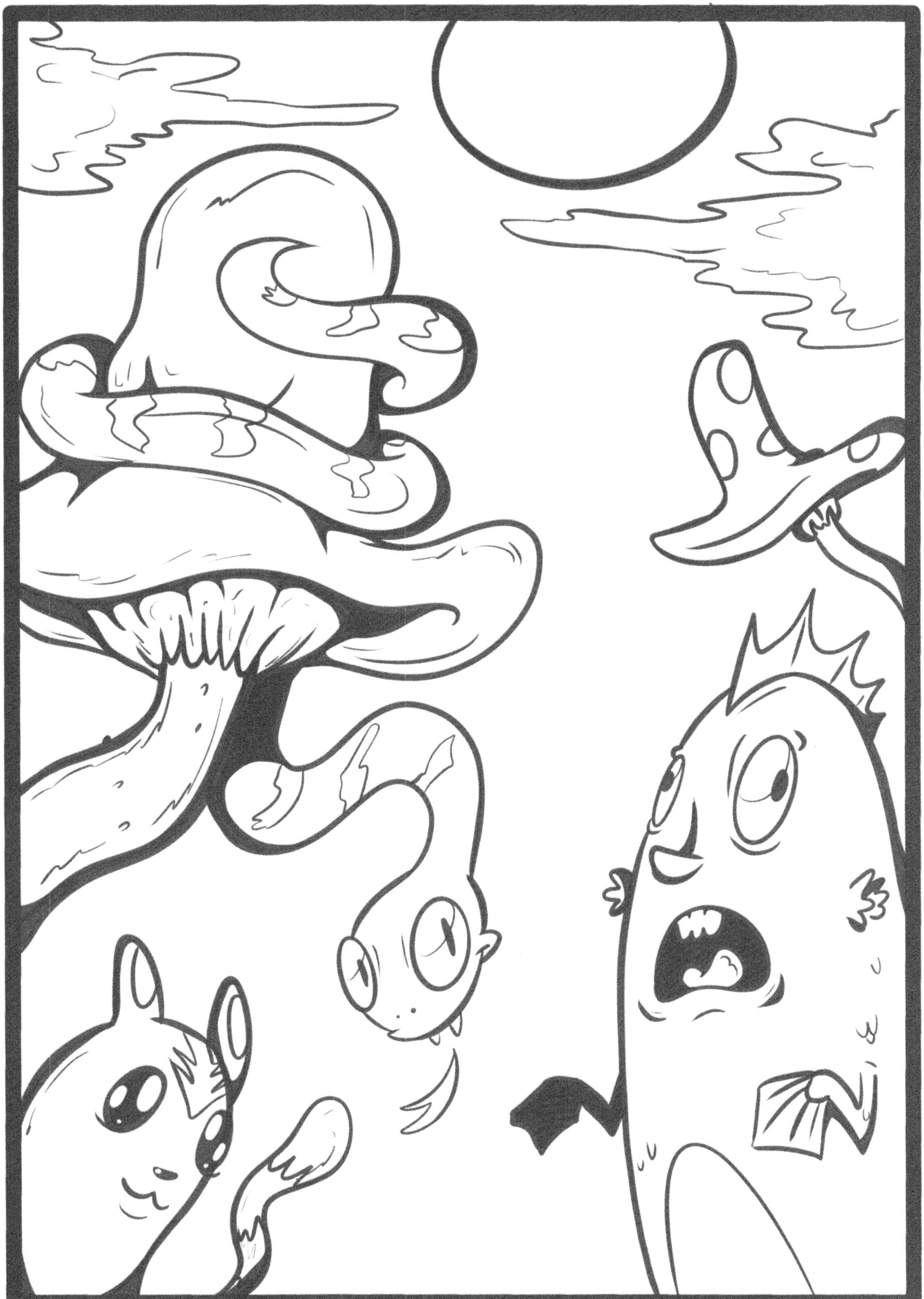

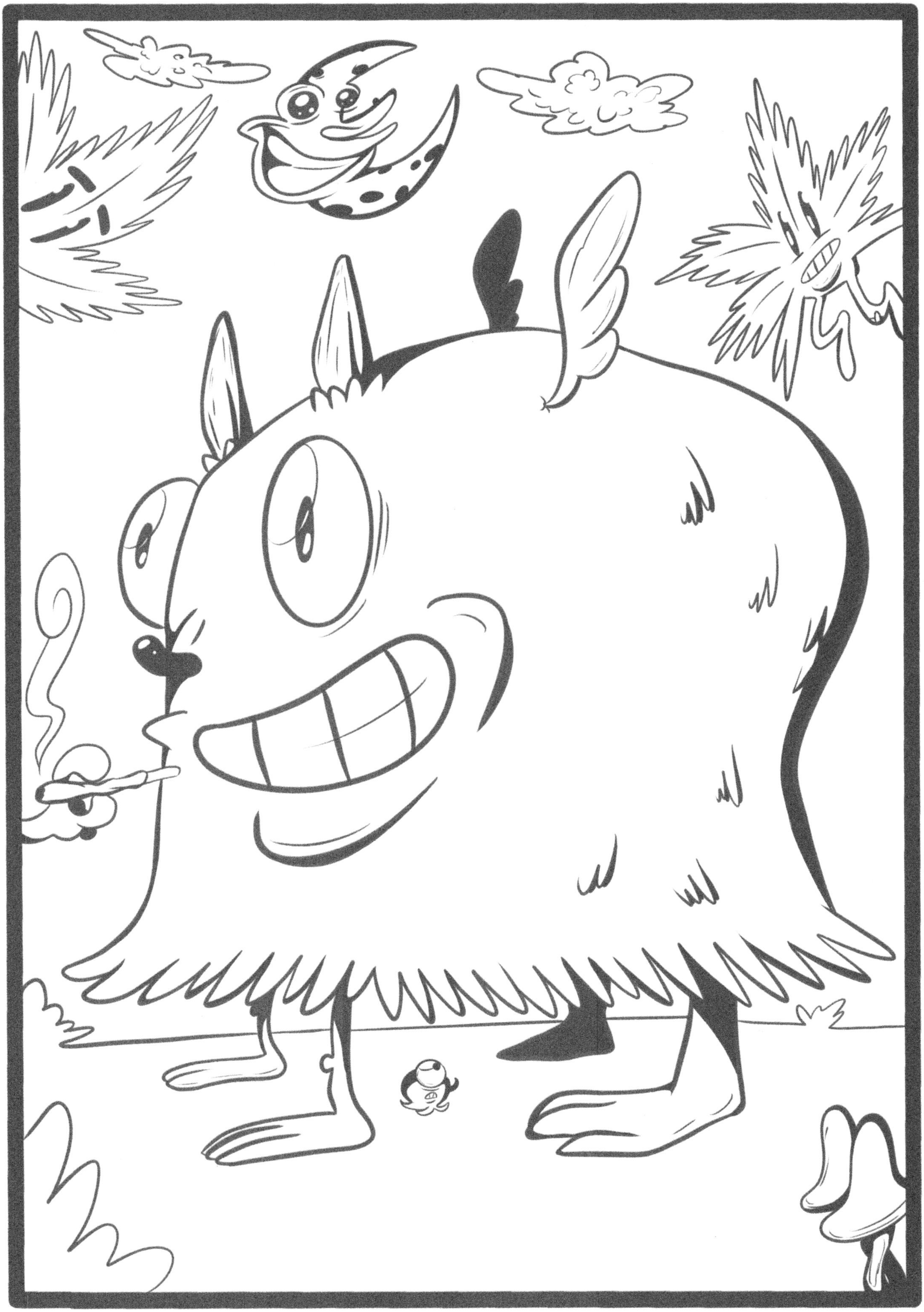

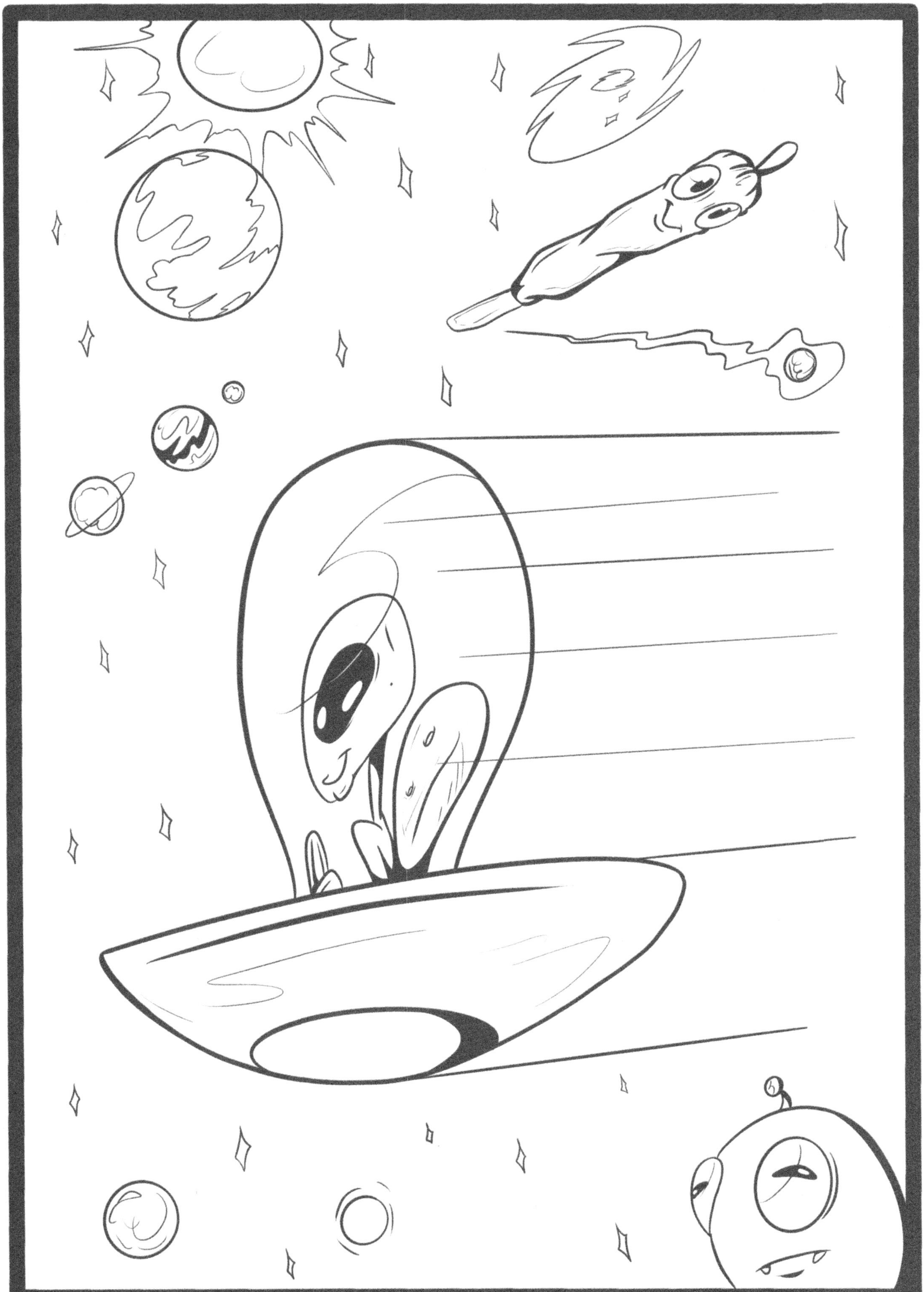

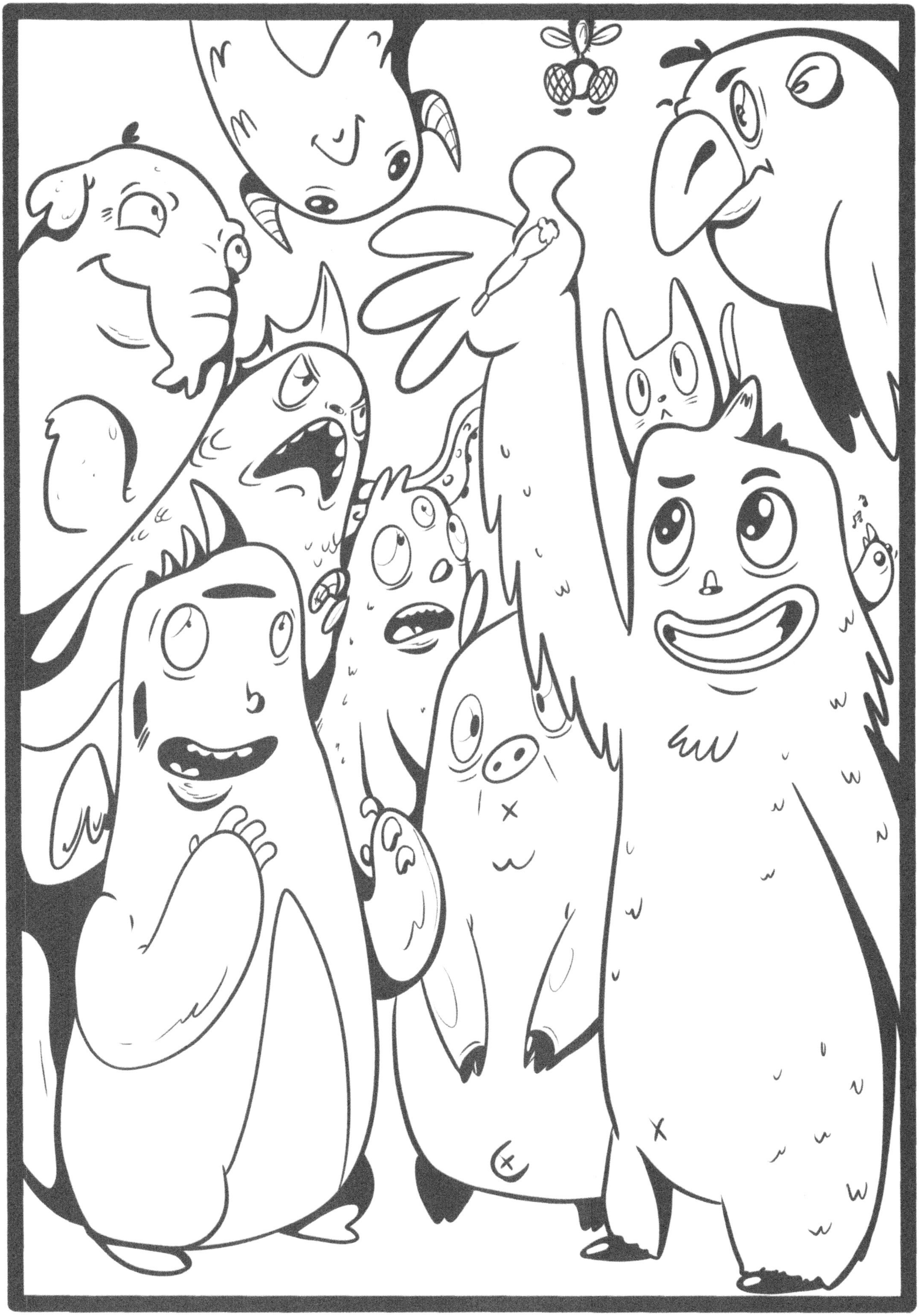

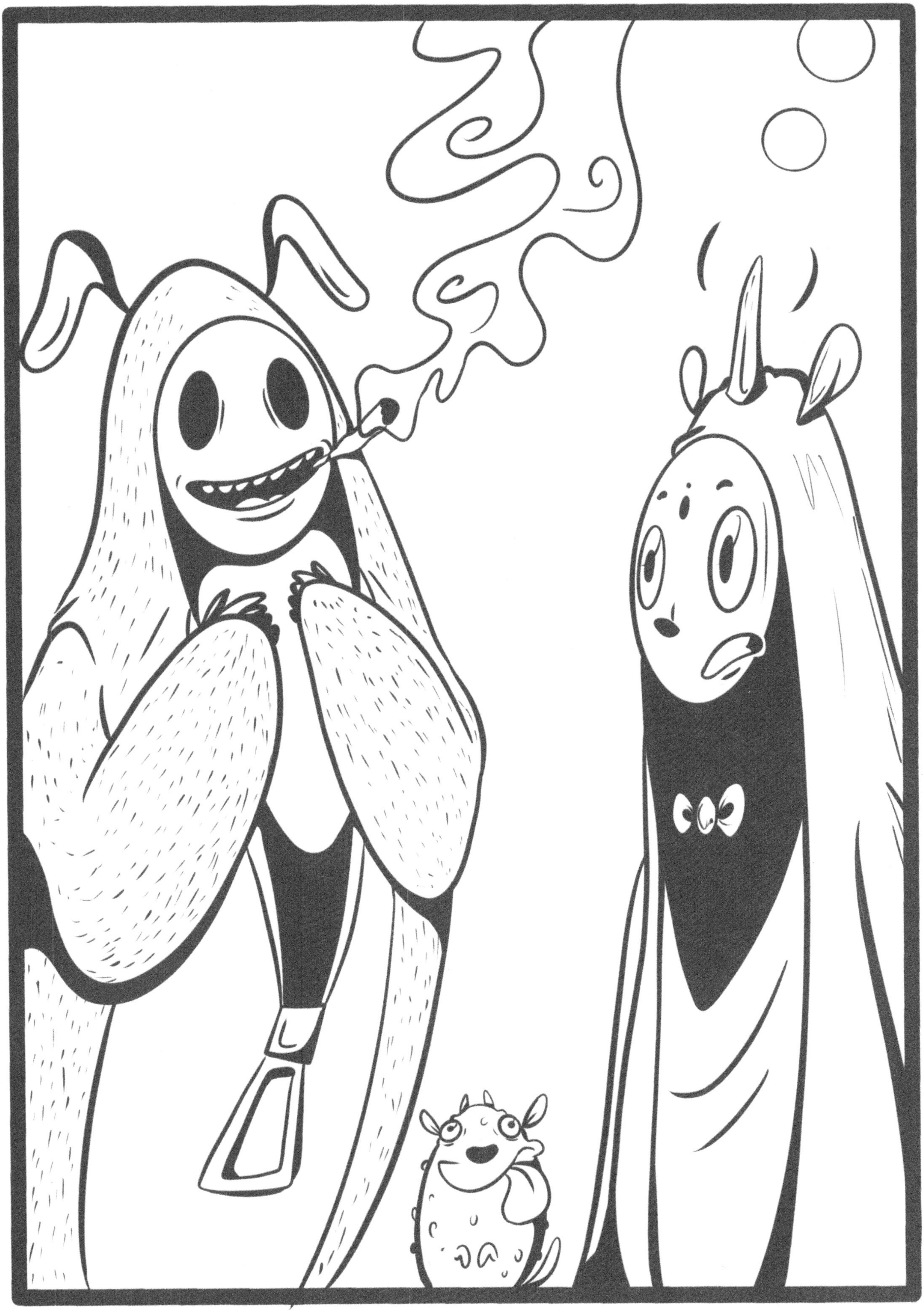

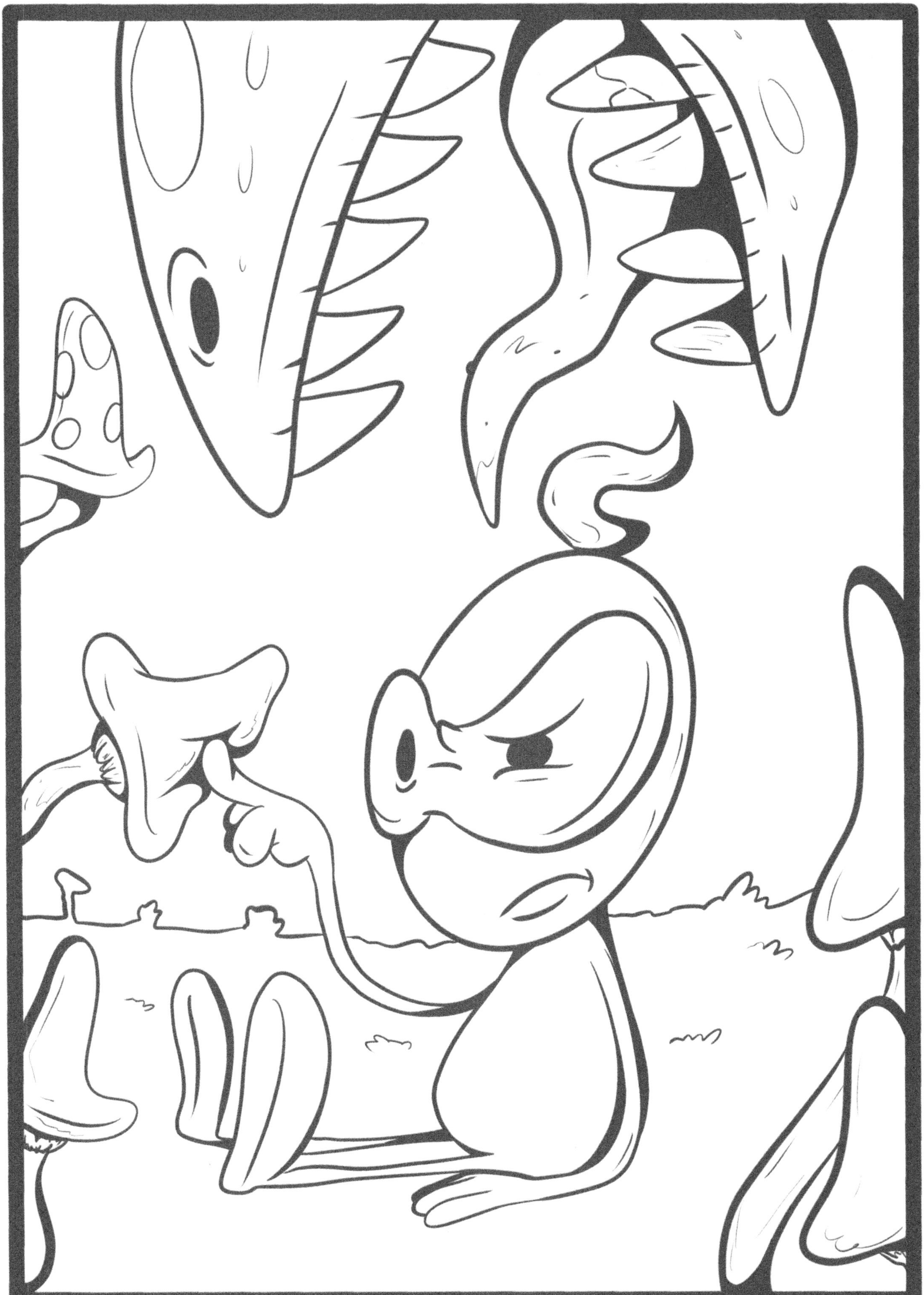

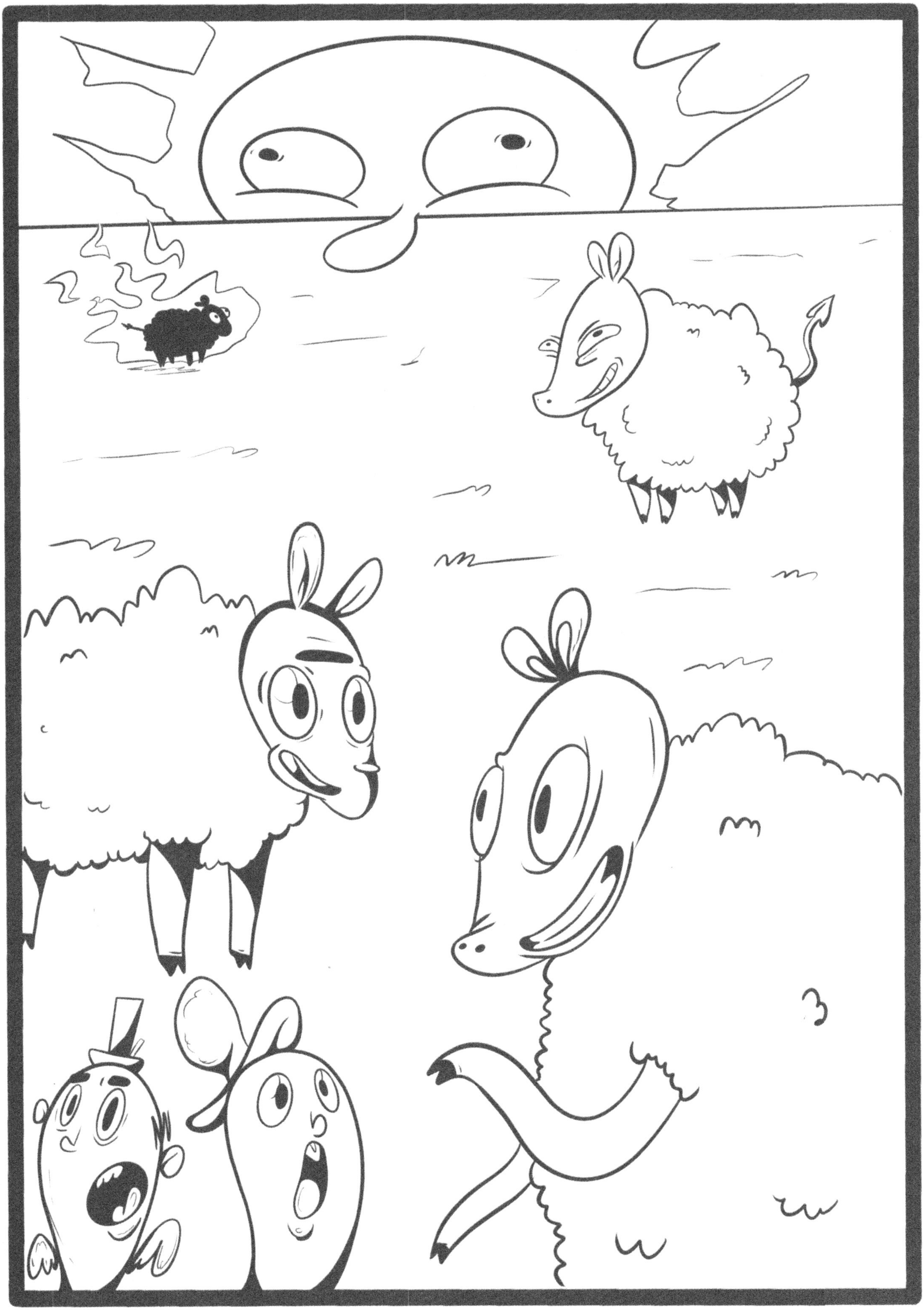

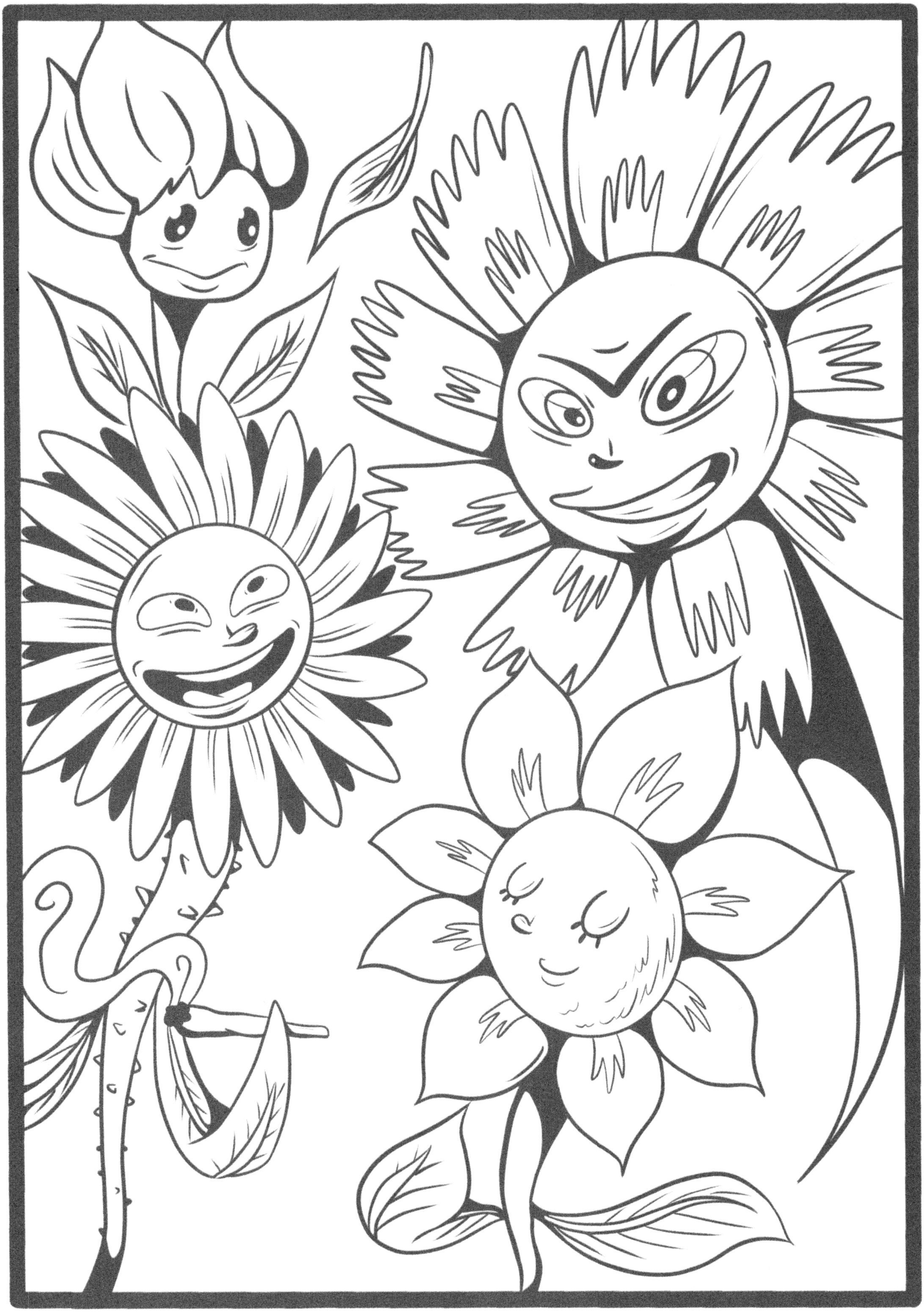

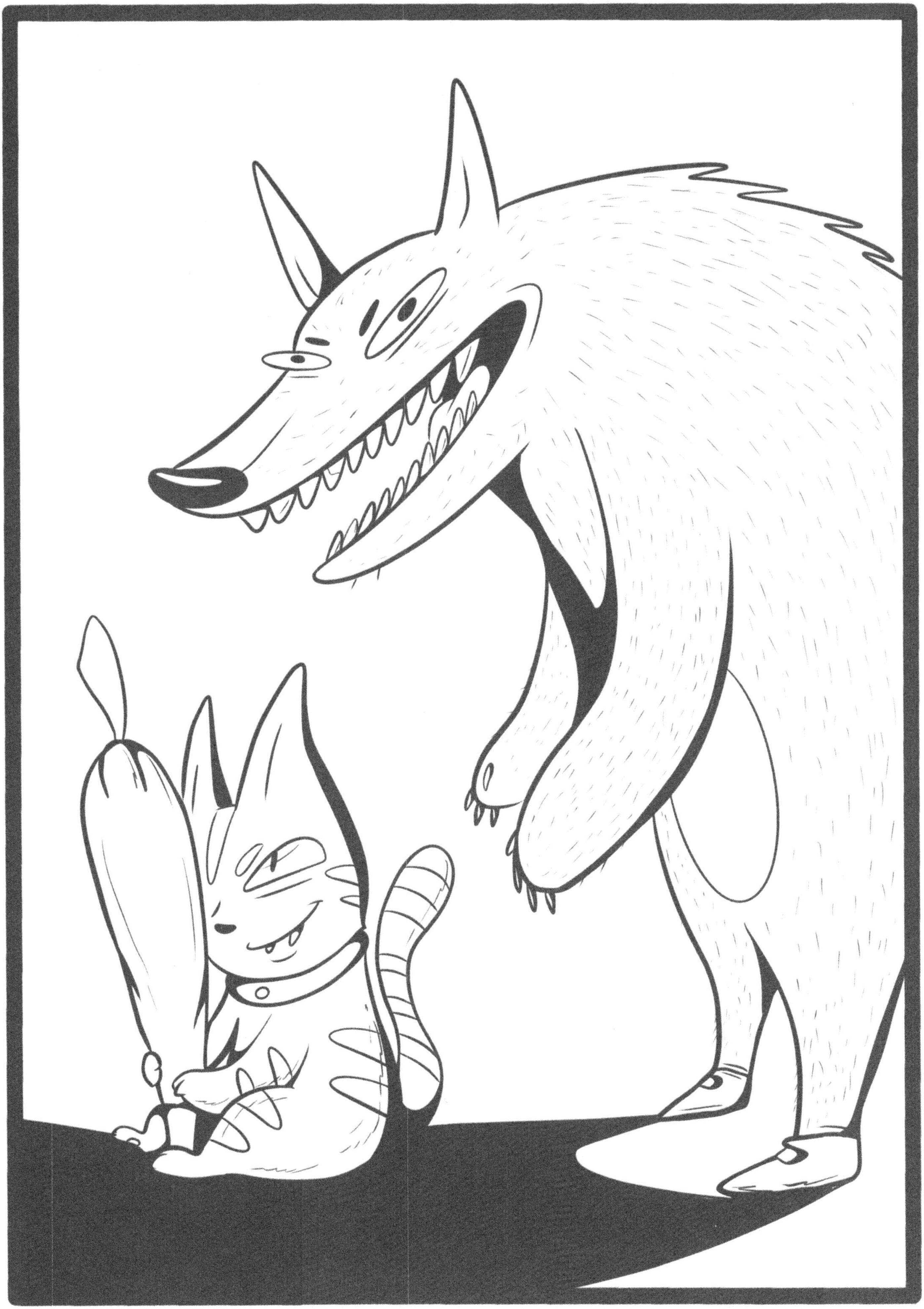

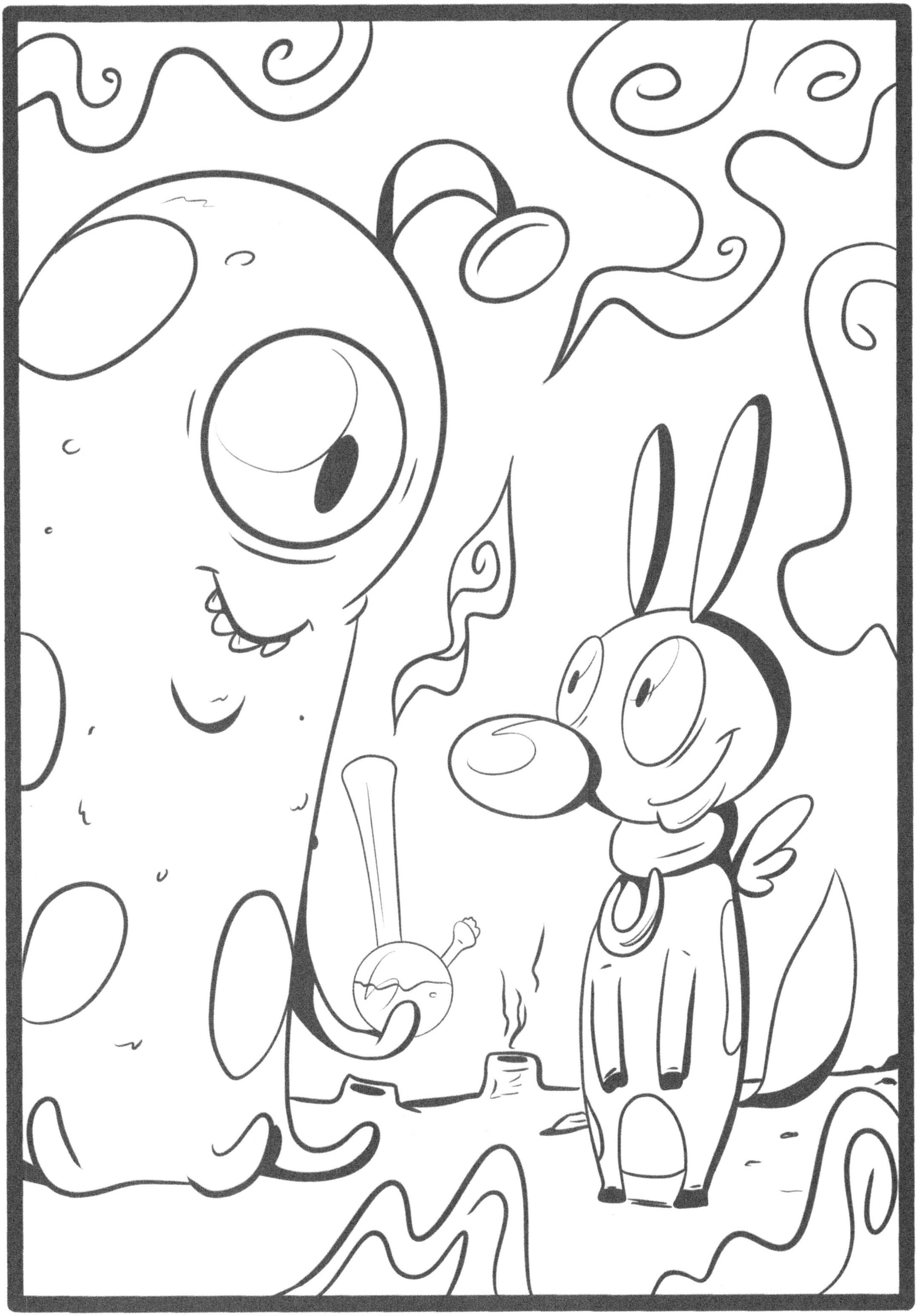

Made in United States
North Haven, CT
08 November 2024

59983486R00065